W0226819

Diem * **Windspiele & Wetterfahnen**

Walter Diem

Windspiele & Wetterfahnen zum Selbermachen

Hugendubel

HOMO LUDENS

Eine Buchreihe herausgegeben von Stefan Wilfert

Fotos und Zeichnungen: Walter Diem

Die Deutsche Bibliothek – CIP-Einheitsaufnahme
Diem, Walter:
Windspiele & Wetterfahnen zum Selbermachen / Walter Diem.
– München: Hugendubel, 1994
(Homo ludens)
ISBN 3-88034-730-1
NE: Diem, Walter: Windspiele und Wetterfahnen zum Selbermachen

© Heinrich Hugendubel Verlag, München 1994
Alle Rechte vorbehalten

Umschlaggestaltung: Zembsch' Werkstatt, München
Produktion: Tillmann Roeder, München
Satz: Uhl + Massopust, Aalen
Druck und Bindung: Bosch Druck, Landshut
Printed in Germany
ISBN 3-88034-730-1

Inhalt

Einleitung

Ein gängiges Vorurteil meint, daß in jeden Schrebergarten ein Windspiel gehört – mindestens aber ein Wetterhahn, der die Windrichtung anzeigt und dadurch dem kundigen Freizeitgärtner etwas über die weitere Entwicklung des Wetters ansagen kann. An dem Vorurteil mag etwas dran sein, aber wer mit offenen Augen durch Wohnsiedlungen geht, wird entdecken, daß heute auch viele – und eigentlich immer mehr – Wohngärten mit kleinen Objekten ausgestattet sind, die vom Wind in Bewegung gesetzt werden. Man versteht die flirrenden Windräder, die vom Wind bewegten bunten Stoffsäcke, das unermüdlich sich drehende Windspiel wie auch eine schmucke Wetterfahne als dekorative Ergänzung zu Pflanzen und Gartenmobiliar, und man stellt nicht zuletzt dann, wenn es sich um ein selbstgebautes Objekt handelt, stolz auch sein handwerkliches Geschick zur Schau.

Der Wind verhilft hier kleinen amüsanten Apparaten zu einigem Ansehen und Aufsehen, das sie – bei aller Nutzlosigkeit – wirklich auch verdienen. Denn die zweckfreien Windspiele machen unermüdlich auf die Energiequelle aufmerksam, die hier nur für eine Spielerei genutzt wird, die allmählich auch hierzulande, in anderen Regionen allerdings schon längst, der Großtechnik intensiverer Forschung und Nutzung wert scheint.

> Der Wind ist bald schwach, bald starck, beydes hat seinen Nutzen. Wenn ein Wind auch noch so schwach, kan er dennoch die Wolcken treiben, und die Windfahne wenden. Aus beydem können wir sehen, aus welcher Gegend er wehet, mithin was für Wetter kommen werde, welches zu wissen im menschlichen Leben, absonderlich beym Feldbau und Schiffarth sehr nützlich ist. Die Winde treiben die Windmühlen, ingleichen die Schiffe.
>
> Christian Wolff, Königlich Schwedischer und Hochfürstlich Hessischer Regierungsrat, 1739 in einem Postulat »Würkungen der Natur«.

Es ist natürlich nicht so, daß erst die harmlosen Windspiele zu den Windkraftanlagen geführt haben: Umgekehrt ist es richtig. Denn die kleinen Windräder oder auch die Objekte, bei denen Figürchen durch ein Windrad in Bewegung gesetzt werden, sind in Wirklichkeit Nachkommen der Windmühlen, mit denen der Mensch sich schon vor vielen Jahrtausenden die Kraft des Windes zunutze gemacht hat, um zum Beispiel das Korn zu Mehl mahlen zu lassen oder um Wasser zu pumpen, von Segelschiffen ganz abgesehen. Es ist darum gerade die Ironie vieler Windspiele, daß sie kleine menschliche Figuren zu heftigem Holzhacken oder anderen Arbeiten in Gang setzen – wo doch einst die Windmühle dem Menschen Arbeit abnehmen oder doch jedenfalls beträchtlich erleichtern sollte.

Man muß nun nicht über solche Bezüge nachdenken, wenn man seinen Spaß an einem Windspiel haben will und sich überlegt, ein derartiges kinetisches Objekt für den eigenen Garten anzuschaffen. Es wird vielleicht eher angebracht sein, auf die

Karusselle zu verweisen, die im 18. Jahrhundert auf französischen Jahrmärkten auftauchten und die – wohl nur bei sehr kräftig blasendem Wind – durch senkrecht stehende Stoffsegel angetrieben wurden.

Windspiele sind, wie ihr Name sagt, spielerische und zweckfreie Objekte. Mit den Wetterfahnen verhält es sich inzwischen nicht anders. Denn über die Entwicklung des Wetters informieren uns andere Medien heute zuverlässiger, als man es aus der vorherrschenden Windrichtung voraussagen könnte – und zudem sind viele von uns auch längst nicht mehr so, wie einst die Bauern, darauf angewiesen, sich über das bevorstehende Wetter aus eigener Beobachtung der Windrichtung und der Wolken Klarheit zu verschaffen. Wetterfahnen sind heute, wie Windspiele, nur noch Zierde für Haus und Garten (gegenüber den Windspielen stellen sie vielleicht die etwas seriöser wirkenden Objekte dar).

Gleichwohl sind die Wetterhähne nicht »ausgestorben«, sieht man immer wieder da und dort eine neue Wetterfahne. Wer seinen Spaß an derlei Apparaten hat, wird hier einige Anregungen und Anleitungen finden – auf daß er anderen Spaß vermittelt an der Wetterfahne oder dem Windspiel, das in Bälde seinen eigenen Garten ziert.

Materialien und Konstruktionshinweise

Windspiele und Wetterfahnen sind bei dauerndem Aufenthalt im Freien Wind und Wetter auf unterschiedliche Weise ausgesetzt. Sonnenschein wechselt mit Regen; mal enthält die Luft über Tage oder Wochen nur wenig Feuchtigkeit, mal herrscht über einen längeren Zeitraum feuchtes, ja: nasses Wetter. Windstille Tage wechseln mit solchen, an denen ein steter und sehr druckvoller Wind bläst oder gar Böen an den Windspielen und Wetterfahnen rütteln.

Diese Objekte haben also einiges auszuhalten, und deshalb sind sowohl an die Baumaterialien und die für die Konstruktion nötigen Verbindungselemente hohe Ansprüche zu stellen als auch an die Konstruktionen und Befestigungen, wenn man an den Windspielen und Wetterfahnen nicht nur eine Saison lang seine Freude haben will.

Wichtiges und häufig eingesetztes Baumaterial ist Holz – in Form von Leisten, Rundstäben, Kanthölzern, Brettern und Furniersperrholz, die in unterschiedlichen Holzarten und -qualitäten in den Baumärkten und Holzhandlungen angeboten werden. Beschränkt man sich auf dieses handelsübliche Angebot an Schnittholz, dann hat man es im allgemeinen mit Bauteilen aus Fichte, Kiefer, Buche und Ramin zu tun. Die beiden Nadelhölzer Fichte und Kiefer sind weicher und lassen sich deshalb leichter verarbeiten als die Laubhölzer Buche und Ramin. Man sollte beim Einkaufen möglichst solche Teile wählen, die sich durch sehr schmale, dichtstehende Jahresringe auszeichnen. Sie sind fester und gleichmäßiger in ihrer Struktur (weil sie über mehrere Jahre hinweg gleichmäßig bleiben, während Holz mit breiteren Jahresringen sehr viel deutlicher den »Waschbrett-Effekt« zeigen wird: der helle Anteil der Jahresringe besteht aus weicherem Holz, das mit der Zeit etwas einfällt, während das dunklere Holz fast unverändert bleibt. Diese Erscheinung bedeutet zunächst keine Schwächung des Holzes; aber sie macht das betreffende Objekt doch etwas unansehnlich und sie kann, weil sie sich auch unter einem Lacküberzug einstellen kann, die Haftung des Lacks auf dem Holz beeinträchtigen).

Gegen diese Erscheinung sind auch die Zuschnitte aus druckimprägniertem Holz nicht gefeit (aus denen man Ständer, Drehkreuze und andere Bauteile von Windspielen bauen kann). Dieses Holz ist zwar durch die Imprägnierung, die bis tief ins Innere der Kanthölzer und Planken reicht, für einen Zeitraum von etwa zehn Jahren nahezu unempfindlich gegen Schimmel- und Pilzbefall. Weil das Holz keinen Schutzanstrich bekommt, kann es Regenwasser ungehindert aufnehmen und abgeben; dabei werden die Zellen des Holzes mal prall gefüllt sein, mal wieder trochen und leer sein – und das führt schließlich dazu, daß die Zellwände dieses »Pulsieren« nicht unbegrenzt mitmachen, sondern ermüden und zerfallen. Dazu tragen übrigens auch die UV-Strahlen des Sonnenlichtes bei. Die Folge kann dann eben eine waschbrettähnlich geriffelte Oberfläche auch bei solchen Teilen sein, die nicht schon im Sägewerk diese Struktur bekommen haben.

Je stärker das Holz (nicht nur an der Oberfläche) schwindet, desto größer ist die Gefahr, daß Risse entstehen. Windspiele aus Holz sind daher nicht als Bauwerke für die Ewigkeit anzusehen...

Sogenannte Harthölzer (genauer: Laubhölzer) verhalten sich da etwas stabiler – aber sie sind nur in einem recht eng begrenzten Sortiment von Zuschnitten und Stärken erhältlich. Und: sie sind teurer als die häufiger angebauten und schneller wachsenden Nadelhölzer. Wer mit den handelsüblichen Raminzuschnitten nichts anfangen kann oder will, wird in der Holzhandlung kaum andere durable Hölzer finden; er sollte dann bei einem Tischler oder Drechsler anfragen, ob bei denen der Zuschnitt in den gewünschten Abmessungen erhältlich ist.

Großflächige Bauteile wird man kaum aus massivem Holz, d. h. aus Brettern, anfertigen, sondern besser aus Sperrholz. Dabei ist allerdings nur wasserfest verleimtes Sperrholz geeignet, das auch im Freien eingesetzt werden kann. Das übliche Sperrholz, aus dem man Möbel und anderes für die Inneneinrichtung herstellt, würde schon nach sehr kurzer Zeit aufplatzen und sich in seine Bestandteile zerlegen.

Wetterbeständiges Sperrholz (mit der Bezeichnung AW 100) wird – wie das Innensperrholz (IF 20) – als Furnierplatte in den Dicken 4, 5, 6, 8, 10 und 12 mm standardmäßig hergestellt und besteht aus 3, 5 oder 7 Furnierlagen. Dickere Platten werden als »Multiplexplatten« bezeichnet und bestehen aus fünf oder mehr Furnierlagen. Nicht jeder Baumarkt hat solches Sperrholz in seinem Standardsortiment; man muß es bei Bootsbauern versuchen und nach Boots-Sperrholz fragen.

Diese Werkstoffe sind also weitgehend wetterfest, d. h. unempfindlich gegen Feuchtigkeit, und zudem flächenstabil: Auch größere Flächen verziehen und verbiegen sich nicht.

Konstruktiver Holzschutz

Dieser Begriff aus der Bautechnik besagt: Ein Objekt soll so konstruiert sein, daß ein großer Teil des auftretenden Regenwasser abgeleitet wird und nicht in das Holz eindringt – oder daß Feuchtigkeit möglichst rasch aus dem Holz wieder austreten kann. Waagerechte Holzflächen sollen möglichst vermieden – oder aber gerundet bzw. mit einer Abschrägung versehen werden, so daß Regenwasser leicht ablaufen kann. Kanten sollen leicht gerundet sein; auch das hilft, Wassertropfen rasch ablaufen zu lassen. Die Kanten sollen übrigens auch bei Bauteilen, die lackiert werden, gerundet sein, damit der Lackfilm über die Kante hinweg gleichmäßig dick bleibt und das Holz dadurch besser geschützt bleibt.

Besonders aufnahmefähig für Wasser sind alle Schnittflächen quer zur Wuchsrichtung bzw. zu den Holzfasern. Und besonders gefährdet sind sie als oberer waagerechter Abschluß von Bauteilen. Die Oberseite von Holzpfosten sollte daher nicht nur abgeschrägt, sondern möglichst auch mit einer Haube aus Blech oder Kunststoff versehen werden.

Im allgemeinen sind Windspiele und Wetterfahnen insofern weniger gefährdet als feste Bauwerke, als sie mit allen Flächen und Kanten dem Wind ausgesetzt sind:

Wasser an der Oberfläche wird darum ziemlich schnell weggeblasen, in das Holz eingedrungene Feuchtigkeit kann schneller verdunsten. Dadurch haben Schimmelpilze keinen geeigneten Nährboden.

Leime und Kleber

Hin und wieder sind Bauteile miteinander zu verkleben. Dafür steht zum Beispiel Holzleim zur Verfügung – aber nur die Qualität für wasserfeste Verleimungen. Der »einfache« Holzleim wird schon nach kurzer Zeit durch Regenwasser und Luftfeuchtigkeit an- und aufgelöst und läßt die Verbindung zerfallen.

Ebenso geeignet sind Alles- und Kontaktkleber oder Zweikomponentenkleber, die genau nach Gebrauchsanweisung zu verarbeiten sind, damit haltbare Verbindungen entstehen.

Zusätzliche Sicherheit an den Verbindungsstellen zweier Holzteile bieten Holzdübel. Man bringt sie versteckt an – was etwas mehr Arbeit erfordert – oder sichtbar. Im zweiten Fall werden die beiden Holzteile von außen her angebohrt; in die Bohrung wird ein Holzdübel unter Zugabe von Leim gesteckt. Der außen überstehende Rest wird nachher abgesägt und bündig mit der Holzoberfläche beigeschliffen.

Anstriche für das Holz

Es gibt zwei Gründe, Holz nicht (nur) in seiner natürlichen Farbe zu lassen. Zum einen will man ein aus Holz gefertigtes Objekt durch farbige Anstriche schöner machen; zum andern soll dieser Anstrich das Holz schützen.

Soll es eine deckende Bemalung sein, dann könnte man Lacke verwenden, die es in vielen Farben fertig gemischt gibt oder die man sich extra mischen lassen kann (Farbmischautomaten und Farbtonkarten mit der entsprechenden Rezeptur gibt es in fast jedem Baumarkt). Lacke sind allerdings teuer – und das schlägt dann zu Buch, wenn nur ein Bruchteil des Doseninhalts benötigt wird. Man kann einiges Geld sparen, wenn man die etwas billigeren Acrylfarben verwendet, die es auch in sehr kleinen Tuben gibt (als Farben für die Malerei).

Diese Farben sind allerdings nicht wetterfest und sie wirken, da sie mit stumpfer Oberfläche auftrocknen, nicht gerade brillant. Die sieht allerdings schon ganz anders aus, wenn man die fertige Bemalung zweimal mit Klarlack überstreicht. Dann leuchten die Farben viel stärker, zudem wird ein Wetterschutz erzielt. Beim Einkauf darauf achten, daß der ausgewählte Lack auch tatsächlich für die Anwendung im Freien geeignet ist.

Mit dem Klarlack kann man auch solche Details an einer Wetterfahne oder einem Windspiel, die an sich keine Farbe abbekommen, zweimal streichen und dadurch schützen.

Auch wenn der Klarlack zweimal aufgetragen worden ist, wird er nur für begrenzte Dauer das Holz schützen können. Denn Holz ist ein »lebendiges« Material, das auch durch winzige Risse oder Fehlstellen im Lack Wasser aufnehmen kann – und es wieder abgeben will. Das bringt Veränderungen in der Holzstruktur mit sich; das vordem trockene Holz quillt durch die aufgenommene Feuchtigkeit auf – und drückt gegen die Lackschicht. Die Folge kann sein, daß sich auf der Lackschicht Blasen bilden, daß neue Risse im Lack entstehen oder daß der Lack schließlich abzublättern beginnt.

Farbige Objekte bräuchten daher alle Jahre einen neuen Schutzanstrich – der natürlich nur dann aufgetragen werden darf, wenn das Holz völlig trocken ist (also nach einer längeren Sonnenschein-Periode).

Bei Objekten aus Holz, die nicht unbedingt eine auffällige Bemalung brauchen, ist ein anderer Schutzanstrich sinnvoller: ein sogenannter offenporiger Anstrich. Man bekommt heute Wetterschutzanstriche und Lasurfarben in vielerlei Farbtönen und kann damit die hölzernen Bauteile an einem Windspiel durchaus attraktiv gestalten (wenn auch nicht so auffällig wie mit einem deckenden Anstrich). Diese Lasuren enthalten Stoffe, die die schädliche Wirkung von UV-Strahlen auf das Holz mindern. Sie lassen Feuchtigkeit in das Holz eindringen – lassen die Nässe aber auch ungehindert wieder verdunsten. Es gibt keine auf dem Holz liegende Beschichtung, die durch den Dampfdruck von innen beschädigt oder abgelöst werden kann – und die das Verdunsten eingedrungener Feuchtigkeit verzögert. Das Holz trocknet relativ schnell und bietet so kaum den Nährboden für Holzschädlinge, die nur in feuchtem Holz gedeihen.
Auch solche Lasuren sollten in regelmäßigen Abständen erneuert werden. Die alte Lasur wird einfach überstrichen – während Lack nicht selten erst einmal repariert werden muß, ehe wieder ein ausreichender ebener Untergrund für den Neuanstrich vorhanden ist.

Schrauben und Nieten

Geschraubte und genietete Verbindungen sind haltbarer als geleimte und geklebte. Allerdings müssen verzinkte (und möglichst zusätzlich »gelb passivierte«) oder brünierte Eisenschrauben verwendet werden, die nur dann, wenn diese Oberflächen»imprägnierung« verletzt ist, rosten können, ansonsten aber eine längere Lebensdauer als die Holzteile haben.
Messingschrauben können nicht rosten, sondern nur dunkel patinieren. An senkrechten Holzflächen kann allerdings unterhalb einer Messingschraube eine dunkle, unansehnliche »Tränen«spur durch Auswaschen der Patina entstehen – und außerdem sind Messingschrauben vergleichsweise weich und können daher schon beim Eindrehen ins Holz abbrechen. Deshalb ist es besonders wichtig, daß für die Schrauben Löcher vorgebohrt werden; ihr Durchmesser liegt knapp unter dem des Schraubenschafts, und sie sind etwas weniger tief als Schaft plus halbes Gewinde lang sind.

Holz kann mit Holz oder mit Metallbeschlägen auch vernietet werden. Die modernen Nietzangen machen diese Arbeit leicht. Allerdings muß man immer auch Unterlegscheiben verwenden, damit die Nietköpfe nicht ins Holz einsinken und die Verbindung dadurch ziemlich labil wird.

Metallene Bauteile

Für Windspiele und Wetterfahnen kommen neben Schnittholz und Sperrholz auch allerlei Metallteile als Baumaterial in Frage: Bleche, Rundstäbe, Rohre – und nicht zuletzt Bauelemente, die man zweckentfremdet.

Bleche werden mehr und mehr auch in Baumärkten angeboten, und zwar in Zuschnitten, deren Größen etwa zwischen DIN A 3 und DIN A 0 liegen. Man bekommt zum Beispiel Bleche aus Aluminium, Messing oder Kupfer im gut sortierten Baumarkt jeweils in unterschiedlichen Dicken. Für die meisten Arbeiten genügt 1 bis 1,5 mm dickes Material, für viele Zwecke tut es Alublech, besonders edel (und teuer) ist Kupferblech.

Für manche Objekte oder Teile an Objekten kommt man auch mit dem Blech von Konservendosen aus. Die Deckel und Böden können zum Beispiel zu Trichtern geformt werden, die den Antrieb für Windspiele liefern. Teilt man eine Konservendose durch zwei senkrechte Schnitte, kann man die beiden halbrunden Hälften nicht nur für den auf Seite 44 vorgestellten Savonius-Rotor, sondern auch für andere Windspiele als Windleitflächen nutzen.

Löten und Hartlöten

Metallteile lassen sich miteinander verschrauben und vernieten – oder aber löten. Wobei das sogenannte Hartlöten wesentlich haltbarere Verbindungen entstehen läßt. Fürs Hartlöten braucht man einen Gasbrenner, der eine Temperatur von 700 °C und mehr erzeugen kann, dazu Hartlote aus Kupfer-, Silber- oder Zinklegierungen.

Die Lötstäbe sind auf das eingesetzte Material abzustimmen und mit der jeweils richtigen Temperatur anzuwenden.

Wer über die nötige Ausrüstung und Erfahrung verfügt, wird metallene Bauteile für Wetterfahnen schweißen bzw. die Schweißvorrichtung auch dazu benutzen, Formen aus Blechtafeln auszuschneiden. Wer nicht schweißen kann oder will, kann dennoch von Schweißzubehör profitieren: Schweißstäbe eignen sich vorzüglich als Kurbelwellen und Pleuelstangen bei den Windspielen. Man bekommt sie in verschiedenen Dicken in Baumärkten.

Zweckentfremdete Materialien

Wichtigste Elemente für alle beweglichen Windspiele sind stets die Propeller. In diesem Buch sind viele unterschiedliche Beispiele zu sehen. Sie sind selbstgebaut, es können aber auch Elemente verwendet worden, die einst für einen anderen Zweck bestimmt waren.

So ist es eine naheliegende Idee, aus einem ausgedienten Zimmer-Ventilator den Propeller auszubauen und auf eine neue Achse zu stecken. Auf dem Autofriedhof kann man aus Schrottautos den Propeller mitsamt der zugehörigen Achse und den Muttern hinter dem Kühler ausbauen (lassen).

Nützliche Bauteile kann man auch aus alten, für den eigentlichen Zweck nicht mehr brauchbaren Fahrrädern jedweder Größe »ausschlachten«. Komplette Räder, ohne Bereifung, können mit Windleitblechen versehen werden und zu Windrädern umgebaut werden. Man kann sich mit der Nabe begnügen und an diesem Teil Dinge befestigen, die sich um die Achse in der Nabe drehen sollen.

Im allgemeinen verwendet man Vorderrad-Naben oder komplette Vorderräder. Aber auch ein Hinterrad samt Kette und Tretlager kann nützlich sein. Baut man an das Hinterrad Windleitbleche und funktioniert es so in ein Windrad um, dann kann man per Kette die Rotation auf ein anderes Teil eines Windspiels übertragen. Für solche Fälle braucht man aber auch den unteren Teil eines Fahrrad-Rahmens und zumindest den Tretlager-Zahnkranz samt kompletter Achse als zweiten Teil des Kraftübertragungs-Systems.

Die Räder eines Fahrrads für Erwachsene mögen zu groß sein, wenn man daran Windleitbleche montieren will (wie es etwa im Beispiel auf Seite 76 zu sehen ist): Man kann auch mit den Rädern eines Kinderfahrrads oder gar eines Kinderwagens ein ausreichend kraftvolles Antriebselement für ein Windspiel bauen.

Nabe und Achse allein sind wertvolle Bauteile: An der Nabe kann man die Bauteile der Wetterfahne oder des Windspiels montieren, die sich drehen sollen – und die Achse wird mit dem Pfosten fest verbunden, der das Objekt in den Wind halten soll.

Wem es an Fantasie und Ausdauer nicht mangelt, wird noch viele andere Bauteile auf dem Schrottplatz finden – wenn er zunächst ein Thema für ein Windspiel gefunden hat und für dessen Ausführung dann gezielt nach den Bauteilen sucht.

Zur Konstruktion

Wetterfestes bzw. wetterfest gemachtes Material und eine möglichst wartungsfreie, stabile Befestigung sind die wichtigsten Voraussetzungen für eine Wetterfahne oder ein Windspiel, an denen man sich lange erfreuen will. Weil vor allem eine Wetterfahne in aller Regel an einer exponierten Stelle des Hauses angebracht wird, bedeuten Material und Befestigung auch einiges für die Sicherheit: Auch heftigster Wind sollte die Wetterfahne nicht zerstören oder aus ihrem Drehlager heben und durch das Gelände schleudern können, was fatale Folgen haben könnte.

Es macht natürlich einen Unterschied aus, ob die Wetterfahne – wie ein Windspiel – auf einem relativ niedrigen Pfahl oder auf dem Dach der Garage oder eines Gartenhäuschens montiert ist, oder ob sie sich am First des Hauses dreht, zwei, drei Stockwerke über dem Boden – und dort dem Wind viel stärker exponiert ist. Schon bei einer bodennahen Wetterfahne übt der Wind starken Druck auf die Fahne und den Ständer aus; erst recht wird die Fahne und ihre Halterung in größerer Höhe beansprucht.

Die Fahne selbst sollte auch nicht zu dünnem Blech gefertigt werden. Nichtkorrodierendes Material ist ideal, also zum Beispiel eloxiertes Aluminium oder Edelstahl. Normales Eisenblech muß sehr sorgfältig mit einem geeignetem Rostschutz-Anstrich behandelt werden. Wenn man schon nicht teures Edelstahl-Blech für die Wetterfahne einsetzen will, dann sind Schrauben und Muttern aus Edelstahl zu empfehlen, mit denen Fahne und Lagerteile verbunden werden. Normale verzinkte oder brünierte Verbindungselemente aus Eisen sind zwar oberflächlich rostgeschützt; aber es genügt, daß irgendwann ein feiner Riß in der schützenden Beschichtung auftritt – zum Beispiel durch mechanische Belastung: dann kann Feuchtigkeit bzw. Nässe bis zum Eisen gelangen, und dann tritt auch hier Rost auf. Man sollte die mechanische Belastung nicht unterschätzen: der Wind zerrt an fest montierten Teilen, bewegliche Teile beanspruchen ebenfalls ihre Halterung.

Besonders edel ist Kupferblech, das zwar schon in kurzer Zeit Patina ansetzen wird. Aber dieser zunächst bronzefarbene, dann giftgrüne Belag, der für die Kirchendächer und Turmhauben norddeutscher Städte so typisch ist, frißt sich viel langsamer als Eisenrost immer weiter in das Materialinnere vor, so daß kupferne Wetterfahnen eine viel höhere Lebensdauer als eiserne haben.

Stabile Halterung

Eine am Hausdach angebrachte Wetterfahne ist sturmsicher zu montieren. Üblicherweise ist die Drehachse der Fahne mit Schellen zu befestigen – und diese Schellen müssen mit langen Schrauben und Dübeln in festem Material verankert sein. Denn um es noch einmal zu betonen: Der auf die Fahne einwirkende Winddruck wird zwar dadurch gemindert, daß sich die Fahne in den Wind dreht und so nur eine schlanke Flanke dem Wind anbietet; aber bei böigem Wind dreht sie sich hin und her. Und da wirkt die Fahne wie ein Hebel, der ungenügend feste Dübel ziemlich schnell lockern kann.

Bodennah aufgestellte, auf einem Pfosten montierte Wetterfahnen (und Windspiele) brauchen aber ebenfalls ein sicheres Fundament. Der Pfosten, zum Beispiel ein Eisenrohr, ist in ein vorgefertigtes Pfosten-Fundament oder in ein selbstgegossenes Betonfundament einzusetzen, das ausreichend tief in der Erde stecken und um das herum die Erde sehr fest gestampft sein muß.

Das Papier-Windrädchen

Kindern macht es wohl immer wieder – wenn auch oft nur für kurze Zeit – Spaß, mit einem solchen Windrädchen am kurzen Holzstiel gegen den Wind zu laufen und der raschen, surrenden Bewegung zuzuschauen und zuzuhören.

Windrädchen dieser Art werden zuweilen als Werbegeschenke verteilt, sie sind als billige Spielsachen überall zu kaufen. Den einen oder anderen Leser mag es dennoch reizen, dieses Windspiel selber zu basteln.

Das dafür geeignete Material ist steife Kunststoff-Folie oder aber farbiger Bastelkarton, wie man ihn in Papiergeschäften und Kaufhäusern bekommt (der allerdings dem Wind nicht sehr lange standhalten wird). Außerdem benötigt man einen Holzstiel mit Draht»galgen«, wie man ihn zum Beispiel als Halterung für Martinslaternen kaufen oder mit einem steifen Draht leicht selber am dünnen Holzstiel (einem 8 mm dicken Dübelholz) befestigen kann.

Das Windrädchen kann in mehreren Varianten gebastelt werden, zwei sind im Foto zu sehen.

Die einfache Version: Man schneidet ein Quadrat mit den Kantenlängen 20 cm zu – und schneidet dann noch die Diagonalen von der Ecke her jeweils 10 cm tief ein. Ins Zentrum wird ein Loch gestochen, ebenso an vier Flügelspitzen – die dann nacheinander und sich überlappend zur Mitte gebogen werden. Durch die Löcher wird eine Achse gesteckt: das kann der Draht vom Lampionhalter sein oder ein anderer dünner Draht. Wichtig ist, daß auf dieser Achse vor und hinter dem Windrädchen eine kleine Glasperle gesteckt wird und vor und hinter den Perlen der Draht abgeknickt wird.

Das doppelte Windrad: Von dem ausgewählten Material (Folie oder Karton) werden zwei gleichgroße Quadrate ausgeschnitten und bei beiden werden wiederum die Diagonalen von den Ecken her jeweils 10 cm tief eingeschnitten. Dann legt man die beiden Quadrate um 45 Grad gedreht aufeinander und sticht mit einer Nadel an den inneren Endpunkten der Diagonalschnitte des oben liegenden Materials in das untere Quadrat. Von diesen Einstichen aus sind dann im unteren Karton jeweils zur nächsten Diagonale links oder rechts ebenfalls Schnitte zu machen.

Nun können die beiden Qaudrate um 45 Grad verdreht ineinander gesteckt und mit ein paar Tropfen Klebstoff fixiert werden. Jede zweite Flügelspitze wird zur Mitte gebogen und über dem Loch im Zentrum auf die Drahtachse gesteckt (bei der letzten Flügelspitze kann ein kleiner Einschnitt angebracht werden, damit sie sich über die vorletzte Spitze stecken läßt).

Für das Windrad mit sechs Strahlen wird zunächst ein Kreis gezeichnet und auf dessen Umfang sechsmal der Radius abgetragen. Zwischen diesen Punkten wird ein Sechseck gezeichnet, die Ecken werden über den Kreismittelpunkt durch feine

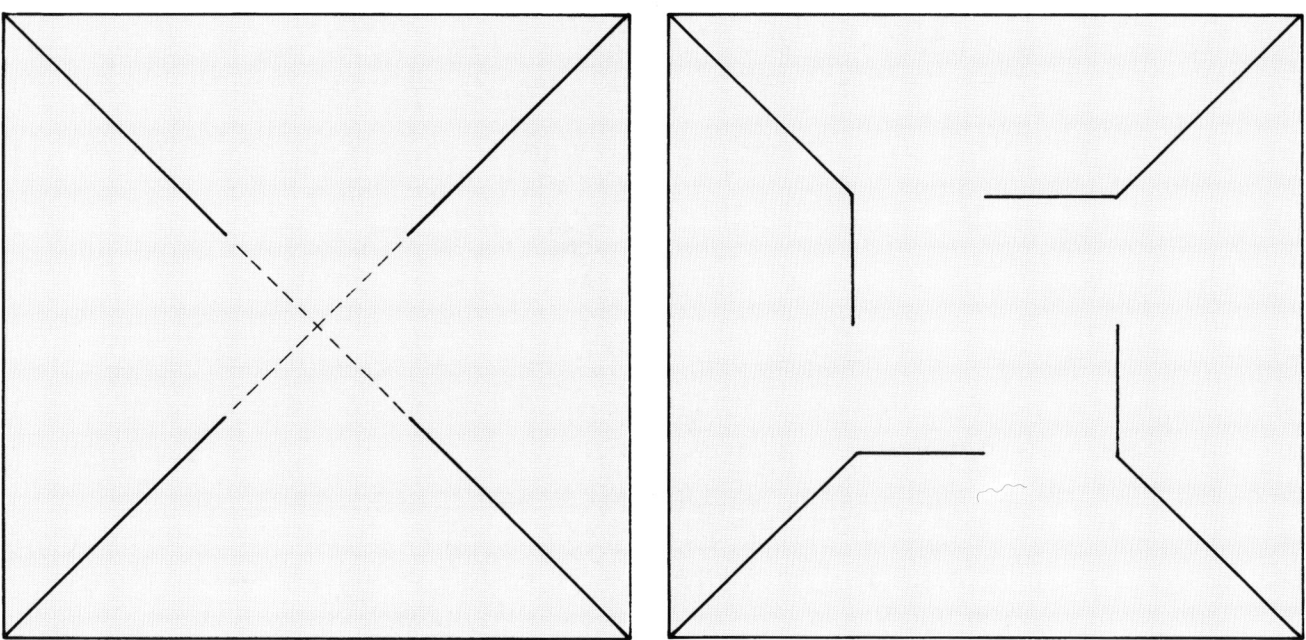

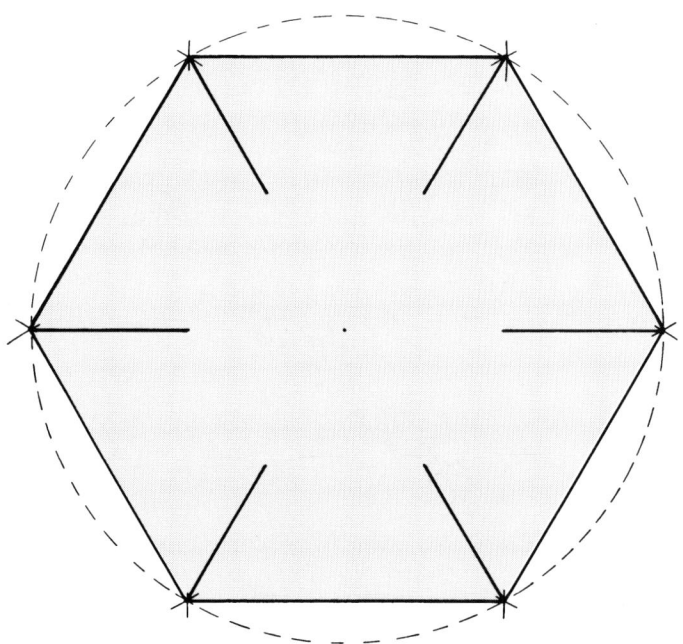

Linien miteinander verbunden. Dann wird das Sechseck ausgeschnitten und außerdem jeweils die halbe Distanz zwischen den Eckpunkten und dem Kreiszentrum von außen her eingeschnitten. Jeweils eine Ecke der Sechseckseiten wird an den Mittelpunkt gefaltet und dort festgeklebt, dann ist das Windrad fertig und muß nur noch auf eine Achse montiert werden, wie es für die anderen Varianten beschrieben worden ist.

Speichenrad

Ein originelles Windrädchen ist das abgebildete Speichenrad, das je nach Zuschnitt und Anzahl der »Speichen« ganz unterschiedlich aussehen kann. Das Foto zeigt zwei gegensätzliche Formen: im Vordergrund ein kompakt wirkendes Rädchen mit kleinem Durchmesser und breiten Windschaufeln, im Hintergrund eine Variante mit doppelt so großem Durchmesser und doppelt so vielen, schmaleren Speichen.

Neben diesen beiden Formen sind natürlich noch mehr Varianten denkbar, und es sollte einigen Spaß bereiten, gleich mehrere unterschiedliche Modelle zu basteln und ihr Verhalten im Wind zu studieren.

Als Baumaterial kann steife Kunststoff-Folie verwendet werden – oder aber weißer Zeichen- bzw. farbiger Bastelkarton.

Die Zeichnungen unten bieten die Schnittmuster für jeweils eine Speiche. Wenigstens zwei solcher Speichen werden für ein kleines, kompaktes Windrad wie im Foto benötigt; will man ein größeres Speichenrad basteln, zeichnet man drei oder vier längere, schlankere Speichen. Entlang den durchgezogenen Linien sind die Speichen auszuschneiden, die Löcher für die Achse sind durchzustechen – und dann werden die freien Enden überlappend miteinander verklebt (die Länge der Überlappungen entspricht in etwa der Speichenbreite). Durch das Zusammenkleben der freien Streifenenden verwinden sich die Papier»speichen«, so daß die »Schaufelflächen« an den Enden schräg zum Wind stehen, also einen Ansteckwinkel bilden und vom Wind zur Seite gedrückt bzw. in Rotation versetzt werden.

Zusätzlich muß die Nabe vorbereitet werden: Man rollt einen 3 oder 4 cm breiten und etwa 30 cm langen Papierstreifen eng zusammen und klebt das Ende fest.

Die Speichen werden ineinander geschoben, dann kann die Achse durchgesteckt werden. Nachdem die hinteren Teile der Speichen auf die Achse gesteckt worden sind, schiebt man die Nabe auf und klebt dann die vorderen Speichen zusammen.

Vor und hinter dem Speichenrad sind Glas- oder lackierte Holzkugeln auf der Achse anzubringen; die Achse ist umzubiegen, damit das Rädchen frei rotieren kann.

Das Foto unten gibt eine weitere Anregung: Man kann eine größere Zahl dieser Rädchen mit jeweils etwa 30 cm Abstand auf eine Schnur aufreihen und damit den Balkon oder die Terrasse überspannen. Jeweils vor und hinter jedem Speichenrad sind ebenfalls Glas- oder Holzperlen auf die Schnur gefädelt und mit etwas Spielraum durch Knoten vor dem Verrutschen gesichert.

Ein solches Windspiel wird man dauerhaft, zumindest für einen Sommer, installieren; in diesem Fall könnte es nicht aus Pappe, sondern müßte auch dann aus Kunststoff-Folie gefertigt werden, wenn es vor direkter Beregnung geschützt ist. Denn Karton wird auch durch Luftfeuchtigkeit weich, die Rädchen würden bald ihre Form verlieren.

Einfaches Schaufelrad

Das gemeinsame Merkmal aller Windräder und Propeller ist, daß sie schräg zum Wind angeordnete Flächen aufweisen, die den in Achsrichtung auftreffenden Wind so ableiten, daß die schrägen Flächen zur Seite gedrückt werden – und daraus eine Rotationsbewegung resultiert. Bei dem hier vorgestellten kreisrunden Schaufelrad sind die Windleitflächen als Dreiecke nach hinten abgewinkelt und dadurch sehr markant gegen die schmalen Stege am Kreisumfang und zwischen den Abkantungen abgesetzt.

Ein solches Schaufelrad kann, als Kinderspielzeug, aus farbigem Bastelkarton gefertigt werden. Es kann aber auch aus dünnem Blech hergestellt – und als Antrieb für eines der später gezeigten Windspiele eingesetzt werden.

Der Entwurf ist relativ einfach: Zunächst ist ein Kreis zu zeichnen (zum Beispiel mit dem Radius 12 cm) und um den selben Mittelpunkt sind zwei weitere Kreise zu zeichnen (hier zum Beispiel mit 2,5 und 11 cm Radius). Die Kreisfläche ist in acht Sektoren zu unterteilen, dann werden von den Schnittpunkten der Sektorlinien mit dem inneren Kreis parallel zur nächsten Sektorenlinie Striche gezogen. Von deren Schnittpunkten mit dem 11 cm-Kreis sind Linien zurück zur ersten Sektorenlinie zu ziehen. An diesen beiden, sich achtmal wiederholenden Linien ist das Material einzuschneiden, an der dritten Dreieckseite werden die Windleitflächen dann gleichmäßig im Winkel von 30 Grad abgekantet.

Ist das Schaufelrad aus Karton gefertigt worden, muß es noch mit einer Nabe versehen werden. Ein 4 cm breiter und wenigstens 50 cm langer Kartonstreifen wird ganz eng zusammengerollt, mit Klebstoff oder Klebefilm gesichert und dann von hinten auf den Mittelpunkt der Scheibe geklebt. Auf das freie Ende der Nabe kann noch ein kleiner Papierkreis aufgeklebt werden. Dann wird ein Draht als Achse durchgesteckt, vor und hinter dem Schaufelrad sind wiederum kleine Glas- oder lackierte Holzkugeln auf die Achse zu stecken, ehe diese abgewinkelt wird.

Ist das Schaufelrad als Antrieb für ein Windrad aus Blech gefertigt worden, dann erübrigt es sich natürlich, eine Nabe anzubringen: Die Scheibe wird auf der Achse festgeklebt, festgelötet oder durch Muttern gesichert.

Auch hier bietet sich eine Variante an: Man schneidet die Windleitflächen nicht alle von der gleichen Seite her ein, sondern versetzt bei jeder zweiten Fläche den radialen Schnitt auf die andere Seite der Dreiecke. Dann lassen sich die Windleitflächen abwechselnd nach vorn und nach hinten abkanten. Der Effekt wird der gleiche sein.

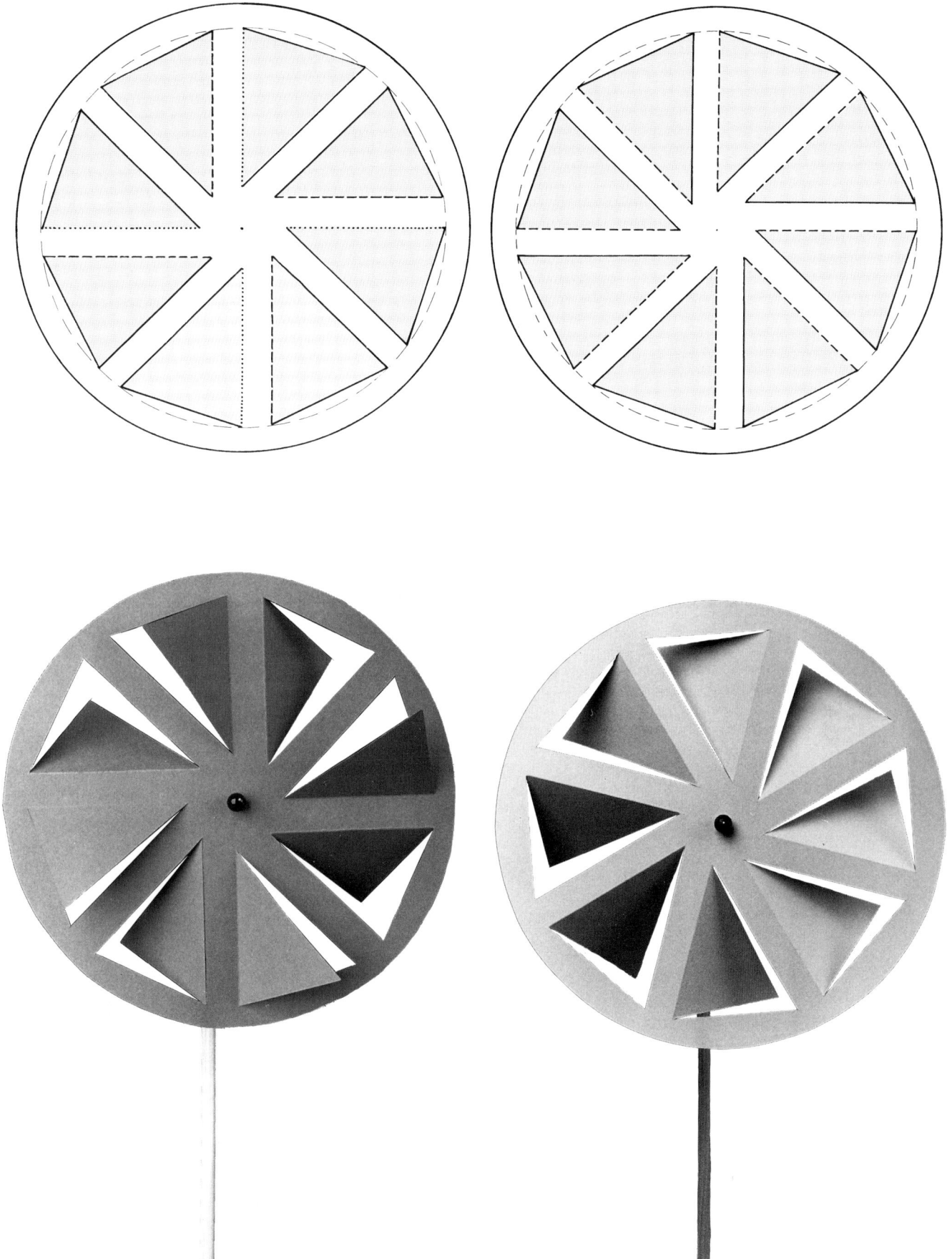

Achteck mit Schaufeln

Eine interessante Abwandlung des auf der vorhergehenden Seite gezeigten Schaufelrads ist dieses Modell mit seinen acht (oder wahlweise auch sechs) Schaufeln, deren größerer Teil nach vorn, gegen den Wind (nach Luv), abgekantet ist und die noch jeweils eine kleinere, nach Lee abgewinkelte Leitfläche aufweisen.

Da die Schaufeln nicht wie beim vorher gezeigten Schaufelrad durch einen schmalen Steg entlang dem Umfang zusammengehalten werden, kann dieses Modell nur aus Blech gefertigt werden, wenn es auch stärkerem Winddruck widersteht. Verwendet man 1 mm starkes Alu-Blech, kann auch ein Windrad-Durchmesser von 40 cm noch ausreichende Stabilität bieten (sicherheitshalber könnten radial noch dünne Metall-Rundstäbe auf die Windleitflächen gelötet werden).

Das Modell ist in der Überschrift als Achteck betitelt worden (und so auch im Foto zu sehen), es kann aber nach dem gleichen Prinzip mit nur sechs Schaufeln gebaut werden.

Als erstes ist ein Kreis in der gewünschten Größe auf dem Blech anzureißen. Dann ist der Kreis in acht (oder sechs) Sektoren zu unterteilen und sind auf dem Umfang die acht oder sechs Außenkanten anzuzeichnen. Ein zweiter Kreis (Radius etwa ein Drittel des ersten Kreises) ist zu zeichnen. Dann sind auf den Außenkanten jeweils links (oder rechts, je nach gewünschter Drehrichtung des Windrads) ein Viertel der Kantenlänge anzureißen. Von diesen Punkten sind radiale Linien zu ziehen. Die Schnittpunkte dieser Linien mit dem inneren Kreis werden markant angerissen – und von hier aus sind wiederum Striche zur nächsten Sektorenlinie zu ziehen.

Jetzt sind alle Hilfslinien angerissen, die zur Fertigstellung des Schaufelrads benötigt werden. Als erstes ist das Acht- (bzw. Sechs-)eck auszusägen. Dann sind die Hilfslinien neben den Sektorenlinien bis zum inneren Kreis aufzutrennen und außerdem auf dem inneren Kreis die kurze Verbindung zur nächsten Sektorenlinie (in der Zeichnung sind die aufzutrennenden Linien dick gezeichnet).

Als nächstes werden die Abkantungen ausgeführt. Zur einen Fläche hin sind die schmalen Flächen neben den Sektorenlinien umzubiegen (um die in der Zeichnung gestrichelten Bereiche der Sektorenlinien), zur anderen Seite werden die großen Dreiecke (um die als punktierte Linien eingezeichneten Kanten) abgewinkelt. Nachdem die Abkantungen zur einen Seite hin ausgeführt worden sind, prüft man, ob sie gleichmäßig abgewinkelt sind: Man legt das Blech auf den Tisch und mißt an den äußeren Ecken der Abkantungen, ob sie gleichmäßig hoch von der Tischplatte abstehen. Das gleiche geschieht dann auch auf der Rückseite.

Das fertige Windrad kann dann Antrieb eines Windspiels werden. Es wird dazu genau im Zentrum mit einem Loch versehen und entweder auf eine Gewindestange gesteckt und durch Muttern gesichert oder auf einen Messing-Rundstab ohne Gewinde; dann wird es durch Zweikomponentenkleber fest mit dieser Achse verbunden.

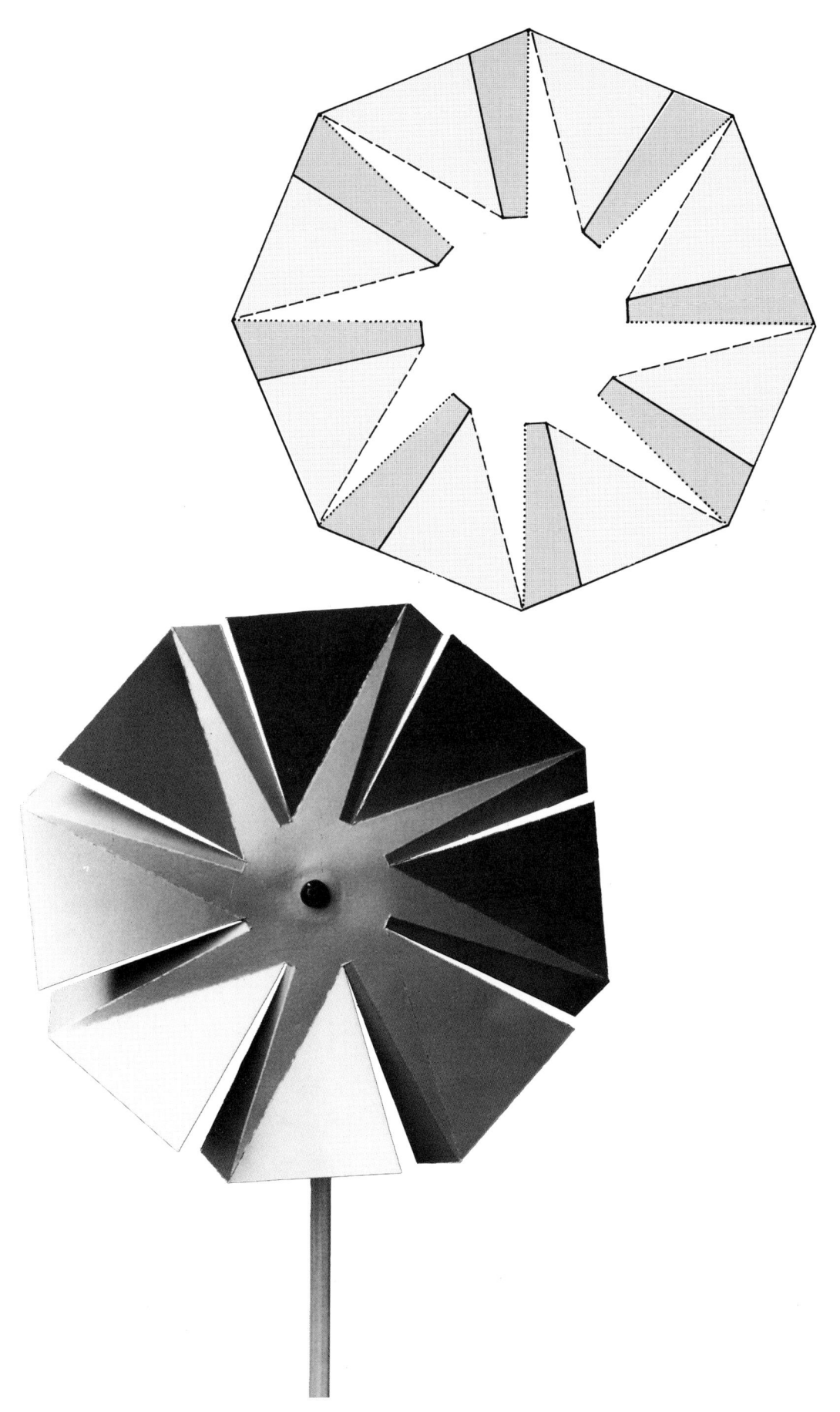

Regatta zu viert

Nicht nur den Garten eines Segelfreundes kann dieses Windspiel zieren, bei dem vier kleine Jollen eine endlose Regatta ohne Sieger absolvieren – jedenfalls solange ein ausreichend starkes Lüftchen weht.

Die vier Boote sind auf einem Holzkreuz montiert (das in diesem Beispiel 50 × 50 cm groß ist). Ihre Klüver (die Vorsegel) sind fest zwischen Mast und Klüverbaum vertäut, die Großsegelbäume dagegen können frei nach Steuerbord und Backbord schwingen. Dadurch stellt sich jedes Großsegel bei Wind von achtern quer, soweit es die Schnüre an den »Bäumen« zulassen – und erzeugt damit den Druck für die Vorwärtsbewegung. Dreht das Schiff in den Wind, schwenkt das Segel zurück, es bietet dem Wind keinen Widerstand und behindert während dieses Teils seiner Kreisbewegung die Rotation des Windspiels nicht. Das nächste Schiff wird nun vom Wind angetrieben und so fort.

Das Drehkreuz besteht aus zwei je 50 cm langen, 30 × 20 mm starken Leisten, die im Zentrum durch eine Überblattung miteinander verbunden sind. Zur Verstärkung sind im Zentrum noch zwei 7 × 7 cm große Sperrholzstücke auf und unter das Leistenkreuz geklebt.

Die Bootsrümpfe des hier gezeigten Beispiels sind aus einem 80 cm langen Reststück einer 50 × 20 mm starken Latte gefertigt. Sie sind jeweils 20 cm lang und wurden mit Holzraspel und Schleifpapier so bearbeitet, daß sie eine gefällige Rumpfform bekommen haben.

Für den Mast wurde ein 8 mm-Loch 9 cm hinter der Bootsspitze durch den Rumpf gebohrt. Für den Klüverbaum ist ein 15 cm langes und 6 mm starkes Dübelholz an beiden Enden mit einem 2 mm-Bohrer zu durchbohren: durch diese Bohrungen werden die Schnüre zur Befestigung des Klüvers geführt.

Genau über dem Bug werden leicht keilförmig geschnittene Holzstückchen auf das Bootsdeck geklebt, ehe darauf der Klüverbaum geklebt (und eventuell zusätzlich mit kleinen Messingstiften gesichert) wird.

Auch die »Bäume« für die Großsegel sind 15 cm lange Abschnitte von 6 mm starkem Dübelholz. Bei diesen Hölzern wird jeweils ein Ende quer durchbohrt, während am anderen Ende ein 2 mm-Loch in die Stirnseite gebohrt wird: Hier werden Ringschrauben eingeklebt, deren Gewinde bis nahe an den Schaft abgesägt – und deren Ring so weit aufgebogen wird, daß er sich auf den Mast stecken und leicht drehen läßt.

8 mm starkes Dübelholz wird für die Maste benötigt. Die jeweils 30 cm langen Stücke werden so in die Rumpfbohrungen geklebt, daß sie unten etwa 15 mm überstehen: Mit diesem Teil werden sie später, wenn die Besegelung komplett ist, in entsprechende Bohrungen an den Außenkanten des Drehkreuzes geklebt. Aber bevor man die Maste einklebt, müssen noch von einem PVC-Schlauch mit 8 mm

Innendurchmesser jeweils 3 mm breite Ringe geschnitten werden. Sie werden über und unter dem Gelenk der Großbäume auf die Maste gesteckt und verhindern, daß die Ringschrauben nach oben oder unten verrutschen können. Außerdem sind an der Mastspitze zwei 2 mm-Bohrungen zu setzen: die eine von der Stirnseite her, die andere quer zur Mastachse, etwa 1 cm unter der Mastspitze.

Die Besegelung

Wenn Maste und Bäume montiert sind, geht es an die Betakelung der Schiffe. Die Hauptsegel werden als rechtwinklinge Dreiecke aus einem leichten weißen Baumwoll- oder Kunstfaserstoff zugeschnitten, mit einem viertelkreisförmigen

Ausschnitt beim rechten Winkel. Die Kanten der beiden Katheten werden mit Klebstoff bestrichen, so daß die Segel mit einem geklebten Saum um Mast und Großbaum gelegt werden können. Im Topp wird ein dünner Faden am Segel befestigt, durch die Querbohrung an der Mastspitze geführt und verknotet. Der überstehende Faden wird noch nicht abgeschnitten: damit wird später auch das Vorsegel festgezurrt.

Die Vorsegel sind ebenfalls dreieckige Stücke, deren Ecken nach dem Zuschneiden jeweils etwa 1 cm nach innen umgeschlagen und festgeklebt werden. Durch diese doppelten Stofflagen werden mit einer Nadel dünne Fäden gezogen, mit denen die Segel an den beiden Enden des Klüverbaums und an der Mastspitze befestigt werden.

Die Großbäume sollten sich frei bewegen können – sie müssen in ihrem seitlichen Ausschlag aber begrenzt werden. Und zwar durch zunächst etwa 15 cm lange Fäden, die 12 cm hinter dem Mast durch den unteren Saum der Segel gefädelt, um das Holz geführt und verknotet und mit dem anderen Ende an kleine Ringschrauben am Heck der Rümpfe so geknotet werden, daß diese »Schoten« jeweils 9 cm lang sind.

In die Bohrungen an den Mastspitzen werden noch kurze Drahtstücke geklebt, an denen mit kurzen Fäden kleine Stoffwimpelchen befestigt sind.

Dann können an den Enden des Drehkreuzes 8 mm-Löcher senkrecht von oben in die Leisten gebohrt und die Schiffe mit dem Mastfuß in diese Bohrungen geklebt werden.

Schließlich ist noch für eine attraktive Farbgebung zu sorgen. Es liegt nahe, das Drehkreuz blau zu streichen; ob man die Boote weiß und die Decks rot halten will, wie es im gezeigten Beispiel geschehen ist, oder ob man die Boote ganz und gar anders streicht, das bleibt jedem selbst überlassen. Zum Schluß sollten die Holzteile zweimal mit farblosem Lack gestrichen werden.

Die Montage

Genau im Zentrum des Drehkreuzes ist ein Loch zu bohren, dessen Durchmesser auf die Stärke des als Achse verwendeten Metallstiftes abzustimmen ist. Dieser Metallstift kann zum Beispiel aus einer 6 × 100 mm-Holzschraube entstehen, die man in die Stirnfläche eines Holzpfostens oder eines dicken Rundholzes schraubt – und deren Kopf nach dem Einschrauben abgesägt wird, damit auf diesen Zapfen das Windspiel aufgesteckt werden kann. Man kann das Windspiel auch mit der Schraube auf dem Pfosten befestigen. In jedem Fall sollte durch ein, zwei Beilegscheiben unter dem Drehkreuz und unter dem Schraubkopf die Reibung gemindert werden.

Windmühle mit Stoffsegel

Eine traditionsreiche Form, die Kraft des Windes zu nutzen, hat sich auf einigen griechischen Inseln und auf Mallorca über Jahrhunderte hinweg bis heute erhalten: die Windmühlen mit dem mächtigen Drehkreuz oder -sechseck aus schlanken Rundhölzern, an denen einfache dreieckige Stoffsegel so befestigt sind, daß sie einen leichten Anstellwinkel zum Wind bilden und dadurch zur Seite weggedrückt, also in Rotation versetzt werden.

Bei diesen Windmühlen verblüffen den Betrachter die vergleichsweise kleinen Segel als Antriebsflächen; sie reichen aber offenbar aus, um die Mühle in Bewegung zu versetzen, und die Fliehkraft tut ein übriges, die Windmühlen in Schwung zu halten.

Unser Nachbau funktioniert ähnlich. Allerdings hat unser Windspiel sehr viel größere Segelflächen, so daß es etwas auffälliger wirkt und damit auch schon schwächerer Wind das Windspiel dreht.

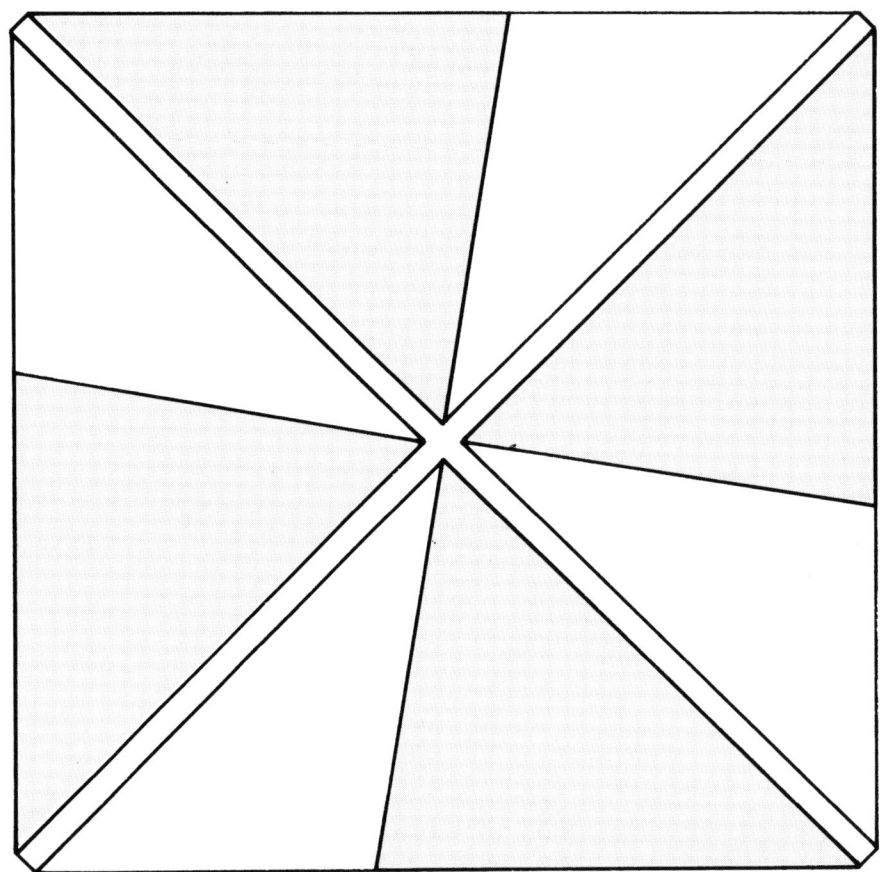

Das Windrad besteht aus kreuzweise miteinander verbundenen Leisten, im Zentrum durch zwei Sperrholz-Quadrate verstärkt, an denen vier Stoff-Dreiecke befestigt sind. Die Größe dieser Dreiecke entspricht nicht genau der Größe der Windrad-Viertel: Vielmehr sind die Dreiecke etwas kleiner, wie die Zeichnung anzeigt.

Die eine Kathete dieser Dreiecke ist fest mit einer der Leisten verbunden (sie wird festgenagelt oder mit dicht gesetzten überwendlichen Stichen festgenäht). Die Hypotenuse wird gesäumt, und durch die Säume wird eine Schnur gezogen, die auch durch Löcher an den Enden der Drehkreuz-Leisten gefädelt wird. Die Schnur wird direkt vor und hinter den Leisten verknotet, so daß sie nicht verrutschen kann – und sie gibt den freien Ecken der Segel Bewegungsfreiheit. Das heißt: Die Segel können sich durch den Winddruck aufblähen – aber so, daß der Wind zur Seite abgeleitet wird. Und das löst wieder die Rotation aus.

Die griechischen oder mallorquinischen Windmüller müssen selber dafür sorgen, daß die Windräder optimal zum Wind stehen. Bei einem Windspiel muß das ohne Nachhilfe geschehen. Deshalb ist auch hier das Windspiel mit einer Windfahne kombiniert.

Die Verbindung zwischen dem Windrad und der Windfahne wird durch den waagerechten Achsbalken hergestellt, ein Kantholz, auf dessen Oberseite die Lager für die Windrad-Achse montiert sind und an dessen einem Ende die Windfahne befestigt ist. Der Achsbalken wird dann wieder auf eine Achse gesteckt, die auf der Oberseite eines Pfostens befestigt ist.

Windrad mit Holzschaufeln

Windräder können auf unterschiedliche Weise konstruiert werden: hier eine erste Variante. Sie hat sehr breite Windschaufeln, die über »Speichen« mit einer markanten, sechseckigen Nabe verbunden sind. Dieses Beispiel rotiert im Wind »nur so« vor sich hin; natürlich kann die Achse auch als Kurbelwelle ausgebildet werden, so daß sich ein Windspiel durch dieses Rad antreiben läßt. Dann müßte aber zumindest eine obere Leiste des Gestells so dick sein, daß die Verkröpfung der Kurbelwelle in einem entsprechenden Ausschnitt plaziert werden kann – oder es müßten die senkrecht stehenden Schenkel der Achslager so lang sein bzw. bleiben, daß die Kurbelwelle und das Pleuel für das Windspiel ausreichend Bewegungsfreiheit haben.

Die Windschaufeln werden aus 5 mm dickem wasserfest verleimtem Sperrholz (Bootssperrholz) gefertigt. Sie sind 14 cm lang, vorn 10 cm, hinten 6 cm breit. Alle Kanten werden gut gerundet.

Die Nabe wird aus 19 mm dicker, ebenfalls wasserfest verleimter Tischlerplatte gesägt. Durch die Mitte wird ein 3 mm-Loch gebohrt, in die Seitenflächen werden genau radial 15 mm tiefe Löcher mit einem 6 mm-Bohrer gebohrt.

Als Speichen dienen 9 cm lange Abschnitte einer 10 × 10 mm starken Quadratleiste. Das eine Ende der Leistenabschnitte wird auf 15 mm Länge rund gefeilt, am anderen Ende kann eine Fläche angeschrägt werden.

Als nächstes sind die Speichen mittig mit 5 cm Länge auf die Schaufelblätter zu kleben, und zwar an deren kürzerer Schmalseite. Wenn der (wasserfest abbindende) Holzleim abgebunden ist, werden Speichen und Schaufelblätter je zweimal mit einem 4 mm-Bohrer durchbohrt und 4 mm dicke Dübelhölzer in die Löcher eingeleimt und bündig mit den Holzflächen geschliffen.

Die Speichen können mit dem rund gefeilten Ende nun in die Nabe eingeleimt werden – und zwar so, daß die Schaufeln um jeweils 15 bis 20 Grad schräg zur Ebene der Speichen gestellt werden.

Gestell und Windfahne

Als nächstes ist das Gestell mit den Achslagern und der Windfahne zu fertigen. Bei dem gezeigten Beispiel ist das Gestell aus 15 × 30 mm starken Redwood-Leisten gebaut worden; man kann natürlich auch Fichten- oder Kiefernholz verwenden. Das Gestell besteht aus drei Teilen: einer 40 cm langen (waagerechten) Leiste, einer 18 cm langen (senkrechten) Leiste und einer 25 cm langen Leiste, die als schräge Verstrebung gegen die beiden anderen Leisten geleimt und gedübelt wird (auch die beiden anderen Leisten werden stumpf gegeneinander geleimt und durchgedübelt).

In die lange Leiste wird an einem Ende ein 8 cm langer und 5 mm breiter Schlitz gesägt. In diesen Schlitz klebt man die Windfahne, ein 25 × 15 cm großes Stück Sperrholz, dessen eine (windzugewandte) Schmalseite zur Mitte hin abgeschrägt wird. Auch die Windfahne wird nach dem Einleimen zusätzlich durch 3 mm-Dübel gesichert.

Zum Schluß sind 4 cm hinter der Vorderkante des Gestells in die obere waagerechte Leiste und die schräge Leiste 4 mm-Löcher zu bohren. Sie müssen genau übereinander angeordnet sein: Sie nehmen später die Achse des Windspiels auf.

Achse und Achslager

Als Achse dient ein 35 cm langes Stück einer 4 mm dicken Gewindestange, an deren eines Ende eine Spitze gefeilt wird. Als Achslager sind Eisenwinkel (sogenannte Stuhlwinkel) auf das Gestell zu schrauben. An der Vorderkante des Gestells ist es ein Winkel mit ursprünglich 75 × 75 mm langen Schenkeln, von denen einer auf 30 mm Länge gekürzt wird. Der lange Schenkel wird mit zwei Schrauben auf das Gestell geschraubt; durch das verbleibende Loch im gekürzten Schenkel wird die Achse geführt. Zunächst müssen aber noch das zweite Lager und das Widerlager gefertigt werden. Auch dies sind (kleinere) Stuhlwinkel, die mit jeweils einer Schraube auf dem Gestell befestigt werden. Der vordere Winkel weist in gleicher Höhe wie der Winkel an der Vorderkante des Gestells ein Loch als Durchgang für die Nabe auf; der hintere Winkel darf in dieser Höhe kein Loch aufweisen, sondern wird hier angekörnt: in dieser leichten Vertiefung dreht sich die Achsspitze.

Auf diese Achse sind drei Mutter/Kontermutter-Paare aufzudrehen:

Das erste Paar wird vom angespitzten Achsende her so weit auf den Gewindestab gedreht, daß es dicht hinter dem zweiten Winkel sitzt – und dort verhindert, daß die Achse nach vorn, zum Windrad hin, aus den Lagern rutschen kann.

Das zweite Paar wird vor dem vorderen Achslager bzw. hinter dem Windrad auf die Achse gedreht.

Und schließlich wird das Windrad von vorn von einer Mutter mit Kontermutter festgehalten.

Alle Muttern und Kontermuttern sind fest gegeneinander anzuziehen; zusätzlich können sie miteinander verlötet oder verklebt werden, damit sie sich später nicht mehr lösen können.

Die Drehachse des Windspiels

Als Achse dient ein 25 cm langer und 4 mm dicker Messingstab, dessen eines Ende rund gefeilt wird. Der Stab wird in eine 5 cm tiefe Bohrung des Pfostens gesteckt, auf dem sich das Windrad drehen soll. Das Windspiel wird auf die Achse gesteckt: sie stößt von unten gegen das vordere Achslager des Gestells. Zur Verringerung der Reibung kann über die Achsspitze noch eine passende Stahlkugel in das Bohrloch der oberen Gestell-Leiste eingeführt werden.

Propeller-Varianten

1. Beispiel: Aus profilierten Leisten

Ein relativ einfacher Propeller entsteht, wenn man zwei Leisten rechtwinklig überblattet und die dem Wind zugewandten Oberseiten der vier Propellerflügel abschrägt. Die Abschrägung bewirkt die Ablenkung des auftreffenden Windes und bringt den Propeller zum Drehen.

Das hier gezeigte Beispiel ist aus zwei 30 cm langen, 30 × 10 mm starken Kiefern-Leisten gefertigt. Wenn man Leistenreste mit anderen rechteckigen Querschnitten zur Hand hat, kann man natürlich auch aus diesen einen Propeller herstellen. Schmäler als die angegebenen 30 mm sollten die Leisten bzw. die Windleitflächen aber nicht sein, weil dann kein ausreichend wirksames Profil entsteht. Und bei dickeren Leisten muß man zur Verringerung der zu bewegenden Masse auch die Rückseiten abschrägen.

Bei der angegebenen Leistenform genügt eigentlich schon die Abschrägung der Vorderseiten, um den Propeller auch bei niedriger Windgeschwindigkeit recht schnell rotieren und ein leichtes Windspiel antreiben zu lassen (eine Lagerung mit möglichst wenig Reibung vorausgesetzt). Aber man kann natürlich auch hier auf der Rückseite Material abfeilen, um einerseits das Profil wirksamer zu gestalten und andererseits den Propeller leichter und dadurch »drehfreudiger« zu machen.

Für die Überblattung werden in der Mitte beider Leisten auf 30 mm Breite 5 mm tiefe Nuten ausgehoben, bis die beiden Teile perfekt zusammenpassen. Bei der einen Leiste werden dann die Abschrägungen auf der Seite mit der Nut wechsel-ständig gefeilt; bei der anderen Leiste sind die Abschrägungen auf der anderen Breitseite anzubringen. Alle Abschrägungen müssen natürlich im Leistenkreuz in dieselbe Richtung weisen.

Die Übergänge zur Mitte werden weich ausgearbeitet, ebenso werden die Leisten-enden leicht gerundet. Dann können die beiden Leisten zusammengeklebt oder -geleimt werden (dazu nur Holzleim für wasserfeste Verleimungen verwenden).

Genau im Zentrum ist das Loch für die Achse zu bohren. Dann kann der Propeller noch farbig gestrichen und lackiert werden. Nach genügender Trockenzeit kann getestet werden, ob alle vier Propellerflügel gleichschwer sind (was für eine gleichmäßige Rotation Voraussetzung ist): Man legt den Propeller nacheinander mit den beiden Diagonalen der Überblattung auf die Schneide eines Messers und stellt fest, ob das Propellerkreuz im Gleichgewicht bleibt oder ob es immer nur nach einer Seite kippt. Von der schwereren Hälfte müßte dann noch auf der Rückseite oder von der Flügelspitze etwas Holz abgefeilt werden.

Schließlich wird der Propeller vor dem Windspiel oder einer Windfahne montiert.

2. Beispiel: Abgekantete Blechscheibe

So werden in vielen Geräten die Lüfterräder geformt, weil das bei einer Serienfertigung die einfachste Methode ist, eine »Windschaufel« herzustellen.

Man braucht ein 1 bis 2 mm dickes Blech, auf dem ein Kreis mit einem Durchmesser von 25 bis 30 cm angerissen wird. Der Mittelpunkt wird angekörnt, damit er deutlich sichtbar bleibt. Der Kreisumfang wird in sechs oder acht Abschnitte unterteilt, die Schnittpunkte auf dem Kreis werden durch den Mittelpunkt miteinander verbunden. Und dann wird noch ein zweiter Kreis mit einem Radius von 3 oder 4 cm um den Mittelpunkt gezogen. Erst dann kann der Kreis mit einer Stichsäge ausgesägt werden.

Mit der Stichsäge sind dann die sechs oder acht radialen Linien zwischen äußerer und innerer Kreislinie auszusägen. Jetzt können die sechs oder acht Windleitflächen gleichmäßig gebogen werden. Dazu setzt man zum Beispiel eine Klemmzwinge (oder eine Schraubzwinge mit kleinen Zulageplatten) auf den einzelnen Segmenten an und verkantet die Segmente möglichst gleichmäßig nach rechts oder links.

Zur Kontrolle, ob die Windleitflächen gleichmäßig abgekantet worden sind, legt man das fertige Windrad auf die ebene Tischfläche: Liegen alle Ecken auf dem Tisch auf, sind zumindest diese Ecken in einer Ebene, also korrekt gebogen. Nun muß aber das Windrad gewendet und auch auf der Gegenseite überprüft werden. Unter Umständen muß man dabei vorsichtig nachbiegen – und dann wiederum auf der anderen Seite nachsehen, ob die eine oder andere Windleitfläche zuviel oder zuwenig gebogen worden ist.

Haben alle Korrekturen ein Windrad mit ebenmäßig abgekanteten Windleitflächen ergeben, kann man noch, wie es hier zu sehen ist, die vorn und hinten liegenden Ecken der Segmente mit der Blechschere abschneiden und eventuell sogar noch mit der Feile abrunden. Schließlich ist noch im Zentrum das Loch für die Achse zu bohren, dann kann das Windrad montiert werden. Es wird auf die Achse geklebt oder gelötet; wenn die Achse mit einem Gewinde versehen ist, wird das Windrad zwischen Muttern, Kontermuttern und Beilegscheiben eingeklemmt.

3. Beispiel: Holzschaufeln an Drehkreuz

Das Drehkreuz besteht in diesem Fall aus zwei Holzleisten (Querschnitt 20 × 15 mm) von je 10 cm Länge, die durch eine Überplattung im rechten Winkel miteinander verbunden sind. Die Stirnseiten der vier Kreuz»balken« werden diagonal auf eine Tiefe von 3 cm eingesägt; mit einem zweiten Sägeschnitt teilt man

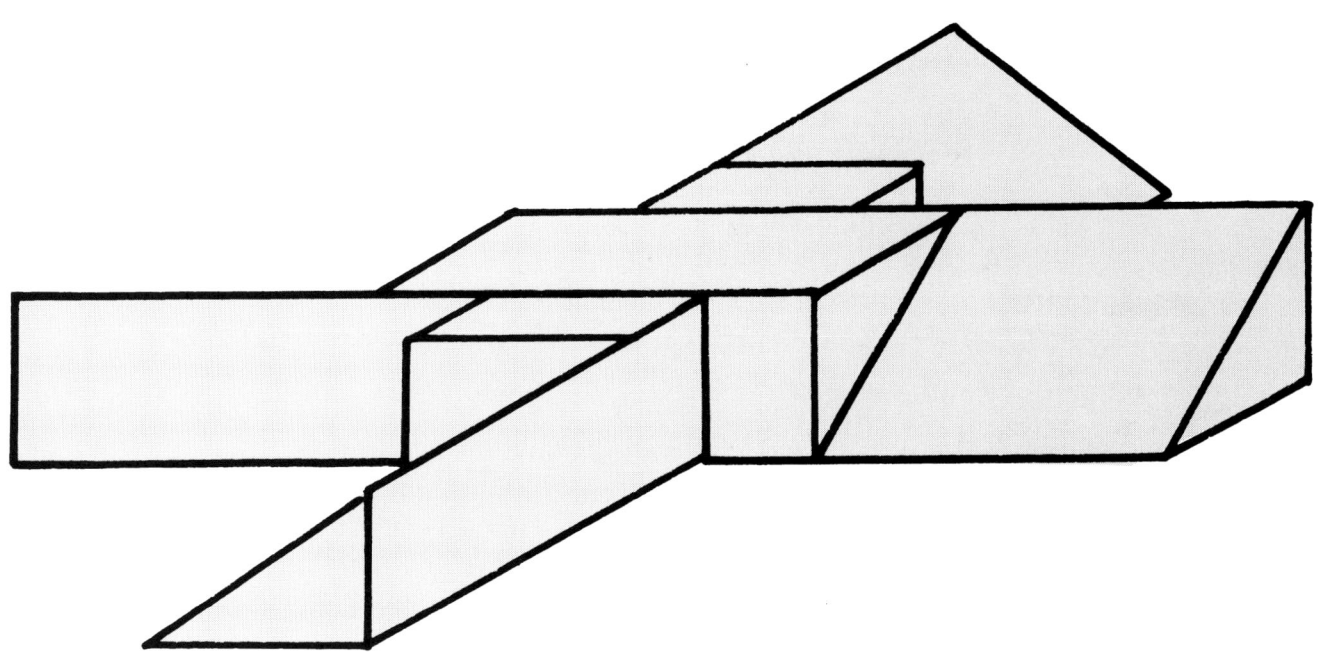

dann keilförmige Stücke ab – und auf den verbleibenden Schrägen sind dann die Windschaufeln zu befestigen.

Es handelt sich hier um vier 5 mm starke Sperrholzstücke, die zunächst als trapezförmige, 17 cm lange und 8 bzw. 3 cm breite Teile ausgesägt wurden. Die breitere Schmalseite wurde abgerundet – dann können die vier Hölzer auf die schrägen Flächen am Drehkreuz geleimt werden. Zusätzlich eingeleimte Dübel lassen die Schaufeln auch stärkeren Wind gut überstehen.

In die (zuvor gekennzeichnete) Mitte des Drehkreuzes ist noch der Durchgang für die Achse zu bohren. Dann kann das Windrad bunt lackiert werden. In diesem Fall sind auf die vier Windleitflächen je zwei breite Farbstreifen aufgebracht worden. Vor dem Lackieren grenzt man die Farbflächen durch Kreppband ein, damit es einwandfreie Farbgrenzen gibt. Solches Kreppband gibt es übrigens in zwei unterschiedlichen Ausführungen: in diesem Fall ist das feinere Band besser als das stärker gekreppte Band geeignet, weil es – bei sorgfältiger Anwendung – auch von einer dünnflüssigen Farbe kaum unterlaufen wird.

4. Beispiel: Blechschaufeln an runder Nabe

Aluminiumblech und ein kurzes Stück Rundstab sind die Bauteile für dieses Windrad. Für die Windschaufeln werden vier trapezförmige Teile mit 15 cm Länge und 8 bzw. 4 cm Breite aus dem Blech gesägt. Die Sägekanten werden glattgefeilt, die Ecken an den längeren Schmalseiten gerundet.

Einige Sorgfalt verlangt die Anfertigung der Nabe, die aus einem 3 cm langen Rundstab-Abschnitt mit 28, 35 oder 42 mm Stärke herzurichten ist. In diesen Rundstab sind schräg zur Längsachse verlaufende Schlitze zu sägen, in die nachher die Windschaufeln eingeklebt werden. Damit die Abstände und die Winkel dieser vier Schlitze gleichmäßig ausfallen, zeichnet man sie am besten mit Hilfe einer Schablone an.

Diese Schablone besteht aus einem 3 cm breiten Papierstreifen, den man zunächst einmal straff um den Rundstab legt, um dessen Umfang auf dem Papierstreifen anzeichnen zu können. Die angezeichnete Strecke ist nun an einer Längskante in vier gleich lange Abschnitte zu unterteilen. Diese Punkte sind um jeweils 1 cm nach rechts oder links versetzt an die andere Längskante zu übertragen. Dann kann die Schablone erneut an den Rundstab angelegt werden, damit man die insgesamt acht Markierungen an die beiden Schnittflächen des Holzes übertragen kann. Das Holz wird in einen Schraubstock eingespannt, damit man nun nacheinander die vier Schlitze sägen kann. Sie sind jeweils etwa 4 mm tief: eine gleichmäßige Tiefe ist wichtig, damit nachher die vier Schaufeln gleich tief eingeklebt werden können – und das Windrad ohne Unwucht läuft.

In die Nabe ist noch das Loch für die Achse zu bohren, erst dann werden die Bleche eingeklebt. Sie werden am besten mit einem Zweikomponentenkleber eingeklebt. Da es recht mühsam wäre, eine Haltevorrichtung bereitzustellen, in der Schaufeln und Nabe bis zum Erhärten des Klebers in der richtigen Winkelstellung gehalten werden, empfiehlt es sich eher, die Schaufeln einzeln einzukleben (und dafür

jeweils eine kleine Menge Kleber frisch zu mischen). Nach dem Aushärten der letzten Verklebung stellt man das Windrad auf ein auf die Arbeitsfläche oder die Arbeitsunterlage gezeichnetes Kreuz, um festzustellen, ob zwischen den vier Schaufeln jeweils 90 Grad-Winkel liegen. Abweichungen können durch vorsichtiges Verbiegen der Schaufeln korrigiert werden (und deshalb muß man nicht gleich eine zweite Nabe anfertigen, wenn beim Sägen der Schlitze die Säge nicht ganz genau angesetzt worden ist). Es kann allerdings nicht mehr korrigiert werden, wenn die vier Bleche quer zur Drehachse der Nabe unterschiedlich stehen (die vorderen bzw. hinteren Ecken der Schaufeln sich also nicht in einer Ebene befinden).

Farbspiel auf rotierenden Scheiben

Selbst eine farbige Wiedergabe des Windspiels im rechts abgebildeten Foto könnte den besonderen Reiz dieses Objekts nur unzulänglich wiedergeben: Auf den acht Flächen der beiden Kreisscheiben sind acht Regenbogenfarben aufgestrichen – und die werden natürlich erst beim Rotieren dieses Windspiels nacheinander sichtbar. Das statische Foto kann allerfalls drei Flächen mit ihren Farben wiedergeben.

Benötigt werden zwei 1 bis 1,5 mm dicke Blechscheiben mit – zum Beispiel – 30 cm Durchmesser. In diese Scheiben ist vom Rand bis zum Mittelpunkt jeweils ein Spalt zu sägen, dessen Breite der Blechdicke entspricht. Durch diese Spalte können die beiden Scheiben kreuzweise ineinander gesteckt werden. Aber bevor dies endgültig geschieht, müssen an den Scheiben je zwei etwa 5 cm breite Streifen parallel zu den Schlitzen abgewinkelt oder mit einer sanften Rundung umgebogen werden – und zwar müssen bei zusammengesteckten Scheiben alle diese Streifen in die gleiche Richtung umgebogen werden (betrachtet man das Kreuz von oben, sind alle Streifen zum Beispiel im Uhrzeigersinn – oder eben alle gegen den Uhrzeigersinn – gebogen bzw. abgewinkelt«).

Diese Streifen bilden die Windleitflächen, die hier nach dem Rückstoßprinzip funktionieren: an einem nach vorn gebogenen Streifen wird der Wind nach vorn umgelenkt und die betreffende Fläche nach hinten gedrückt.

Wenn alle Streifen gebogen bzw. abgewinkelt sind, können die beiden Scheiben endgültig zusammengesteckt und entlang der Mittellinie miteinander verlötet oder mit Zweikomponentenkleber verklebt werden.

In Gegenden mit durchschnittlich schwächerem Wind kann man sich damit begnügen, nur im unteren Zentrum des Scheibenkreuzes einen Achsstift anzubringen, indem in die sich kreuzenden Scheiben jeweils 6 mm breite und etwa 5 cm tiefe Schlitze gesägt und in die entstehende Aussparung ein etwa 15 cm langer Metallstift gelötet oder geklebt wird. Wo der Wind regelmäßig kräftiger bläst, sollte man oben und unten kurze Metallstifte als Achse befestigen.

Als Lager für die Achse braucht man in diesem Fall ein wie eine Sichel mit Griff gebogenes Flacheisen, das ähnlich der Halterung eines Globus mit zwei Bohrungen zur Aufnahme der beiden Achsstifte und zwei weiteren Löchern am »Griff« zur Befestigung auf einem Pfahl versehen wird.

Zum Farbenspiel wird das Windspiel, wenn die acht Flächen entweder mit acht – sehr sorgfältig gemischten – Spektralfarben oder abwechselnd mit nur zwei Farben gestrichen werden. Das Spektrum wird also zum Beispiel wiedergegeben durch die Abfolge Gelb – Orange – Rotorange – Rot – Violett – Blau – Blaugrün – Hellgrün; will man nur zwei Farben einsetzen, könnte man zum Beispiel zwei Töne wählen, die in der genannten Reihenfolge direkt nebeneinander stehen; man könnte aber auch einen beliebigen Farbton mit Weiß kombinieren.

Zur Konstruktion hier noch eine Variante. Man kann das Windspiel statt aus zwei Vollkreisen auch aus vier Halbkreisen zusammensetzen (so kann man auch aus kleineren Blech-Rechtecken noch ein recht stattliches Windspiel bekommen). An den Blech-Halbkreisen werden erst parallel zum Durchmesser Streifen umgebogen bzw. abgewinkelt, dann werden die Halbkreise mit der geraden Kante auf jeweils eine Seite eines Quadratstabes (z. B. 25 × 25 mm stark) geschraubt.

Von einer Stirnseite her bohrt man in diesen Stab ein etwa 7 cm tiefes Loch mit einem Durchmesser von 6 mm. In das Kopfende eines Holzpfostens von ausreichender Länge treibt man einen 15 cm langen Nagel (das Holz vorbohren) so weit ein, daß etwa die Hälfte der Nagellänge übersteht. Der Kopf wird abgesägt, die Schnittfläche gerundet: dieser Stift genügt als Achse, auf die halbrunde »Globus-Halterung« kann man zwar verzichten, aber nach Einwirkung stärkerer Windböen kann es notwendig werden, das in Windrichtung geneigte Windspiel wieder aufzurichten. In das Loch in der Windspiel-Achse sollte man aber eine Glas- oder Stahlkugel einsetzen, bevor man das Windspiel auf die Achse steckt. Oder man sollte den Achsstift so bemessen, daß er nicht bis ans Ende der Bohrung reicht: Dafür sind dann ein oder zwei Beilegscheiben zur Minderung der Reibung zwischen Pfosten und Windspiel auf die Oberseite des Pfostens zu legen.

Federn als Windflügel

Vogelfedern sind dazu da, Kraft für die Fortbewegung aus dem Wind zu gewinnen: Bei dem hier vorgeschlagenen »Mühlenmännchen«, einem früher sehr beliebten Windspiel, dienen sie noch einmal einem ähnlichen Zweck. Denn die beiden Federn, die das Männchen in den Händen hält, wirken wie die Propellerarme einer Windmühle. Sie sind so gedreht, daß sie den seitlich auftreffenden Wind schräg ableiten und dadurch die Arme zum Rotieren bringen. Und damit das Mühlenmännchen stets richtig zum Wind steht, ist es auf eine senkrechte Achse nur lose aufgesteckt, so daß es sich um 360 Grad drehen kann.

Zuerst muß das Männchen geschnitzt werden. Man kann den ganzen Körper aus dem Rest einer Latte in einem Stück modellieren – dann ist das Bohren des Lochs für die Drehachse etwas mühsamer; man kann aber auch jeweils die Beine und den Oberkörper mit dem Kopf für sich anfertigen und zunächst das Loch in die Unterseite des Rumpfs bohren, bevor man die beiden Beine an den Rumpf leimt.

Der Hut ist ein zweckentfremdeter Möbelknopf, die Nase ein Stückchen Dübelholz.

Die Arme sind bei dem abgebildeten Beispiel plastisch ausgearbeitet; man kann sie aber auch aus 6 oder 8 mm dickem Sperrholz sägen, an dem die Kanten nur leicht abgerundet werden. Die Arme sind jeweils im Ellbogen abgewinkelt; sie werden gegenständig auf eine Achse geklebt, für die quer durch den Oberkörper, von Schulter zu Schulter, ein Loch gebohrt werden muß. Um die Reibung der Arme am Körper zu verringern, kann zwischen Rumpf und Arme je eine kleine Glasperle auf die Achse gesteckt werden; man kann aber auch in die Bohrung an den Schultern kleine Nietösen stecken. Deren dicker, glatter Rand verhindert ebenfalls, daß Holz auf Holz reibt.

Bei plastisch ausgearbeiteten Armen sind in die Hände Löcher zu bohren, deren Durchmesser sich nach der Stärke der Federkiele richtet. Bei flachen Armen können keine Löcher gebohrt werden: hier klebt oder nagelt man später die Federkiele auf die Außenseite der Arme.

Ehe die Arme montiert werden, ist das Männchen noch auf eine Drehscheibe zu montieren: eine mittig durchbohrte Holzscheibe, die unter die beiden Beine geschraubt wird.

Das fertig montierte (noch nicht mit den Federn versehene) Männchen wird noch lackiert. Es bekommt eine leuchtend bunte Uniform, die das Windspiel nicht nur auffälliger macht, sondern auch gegen die Witterung schützt.

Als »Antrieb« nimmt man möglichst große Federn, also zum Beispiel Flügelfedern von einer Gans oder eben von anderen Vögeln. Wie bei anderen Propellern müssen die beiden als Windleitflächen fungierenden Federn so montiert werden, daß sie nach unterschiedlichen Seiten gedreht sind.

Das Männchen wird auch bei stetem Wind keine ausdauernden Armbewegungen machen, sondern sich ständig aus dem Wind drehen und immer wieder neu ansetzen. Es wird auch die Drehrichtung der Arme verändern: mal »schaufelt« es die Luft von vorn nach hinten, mal bewegen sich die Arme von hinten nach vorn. Eine Windfahne anzubringen, die das Federmännchen stets richtig in den Wind hält, ist hier wegen der rotierenden Federn nicht möglich (es muß ja quer zum Wind stehen) – es sei denn, man kröpft die Stange, an der die seitlich ausladende Windfahne befestigt ist, sehr weit nach unten.

Vertikalrotor

Ein uraltes Prinzip wird hier vorgeführt, das im Lauf der Jahrtausende auf unterschiedliche Weise zur Energiegewinnung nutzbar gemacht worden ist. Es gibt Bilddokumente für uralte Windmühlen, bei denen Segel um eine senkrechte Achse rotieren. Bekannt sind die tibetanischen Gebetsmühlen, die aus einer Holzbüchse mit drei gekrümmten Schaufeln bestehen, in denen sich der Wind fängt, so daß die Büchse um die vertikale Achse in Drehung versetzt wird. Auf französischen Jahrmärkten standen im vorigen Jahrhundert Karussells, die von senkrecht stehenden Segeln angetrieben worden sind (wenn der Wind danach war).

Ende des vorigen Jahrhunderts entwickelte der Finne Sigurd Savonius den nach ihm benannten Savonius-Rotor, bei dem zwei Schalen oder Schaufeln um eine senkrechte Achse angeordnet sind, die die Windströmung auf eine besonders effiziente Weise in Drehbewegung umsetzen. Der Savonius-Rotor muß nicht auf die Windrichtung ausgerichtet werden; er kommt immer in Gang, woher der Wind auch bläst. Die in eine Windschaufel treffende Strömung wird im Zentrum des Rotors auf die zweite Schaufel umgelenkt und treibt diese nun sozusagen gegen den Wind. Weil deren – dem Wind vorübergehend zugewandte – Außenseite konvex ist, bietet sie aber wenig Widerstand. Das führt dazu, daß der Umfang des Savonius-Rotors eine bis zu 1,7 mal höhere Geschwindigkeit als der anströmende Wind erreichen kann.

Der Savonius-Rotor wurde trotz dieser verblüffenden Eigenschaft bislang nur selten für den Antrieb größerer Geräte genutzt; für kleine Objekte dagegen recht häufig: So kreiseln auf geschlossenen Transportfahrzeugen vom Fahrtwind angetriebene Savonius-Rotoren, um Lüfter im Fahrzeug-Inneren anzutreiben.

Das hier vorgestellte Windspiel ist nach dem Savonius-Rotor konstruiert (der übrigens auch der Antrieb für die spiralig bemalten und sich fast unablässig drehenden Säulen war, die früher vor den Friseurgeschäften montiert waren).

Wir können uns für dieses Windspiel damit begnügen, die beiden Hälften einer durch senkrechte Schnitte geteilten Blechdose als Wind»schaufeln« anzuwenden.

Die Dose ist, nach Abtrennen von Deckel und Boden, mit Eisensäge oder Blechschere zu halbieren. Die beiden Teile werden sich nach dem Trennen etwas entspannen, d. h. sich etwas aufbiegen: sie müssen deshalb vorsichtig wieder zur halbrunden Form zusammengedrückt, die Schnittkanten außerdem vorsichtig ausgebeult und mit einer Feile vom Schneidgrat befreit werden. Außerdem ist darauf zu achten, daß die Halbschalen nicht verzogen sind.

Für eine 0,7 l-Dose sind außerdem zwei kreisrunde Scheiben aus 6 mm-Sperrholz (wasserfest verleimte Ausführung) oder aus 0,5 mm dickem Blech mit 16 cm Durchmesser auszusägen. In das Zentrum wird ein 3 mm-Loch gebohrt, außerdem wird der Durchmesser auf den Scheiben angezeichnet.

Und schließlich werden noch eine 30 cm lange Gewindestange mit passenden Muttern oder ein glatter Messing- oder Alu-Rundstab mit 3 mm Durchmesser sowie Zweikomponenten-Kleber oder eine Heißklebe-Pistole bzw. ein Lötkolben mit Lötzinn benötigt.

Zunächst wird eine Dosenhälfte so auf eine Scheibe gestellt, daß die Außenkanten genau über dem angezeichneten Scheibendurchmesser plaziert sind, die eine Außenkante bündig mit dem Rand der Scheibe. In dieser Position wird der untere Dosenrand mit Zweikomponentenkleber oder Schmelzkleber auf der Scheibe festgeklebt bzw. bei einem ganz aus Blech gebauten Rotor festgelötet.

Die zweite Dosenhälfte wird, mit der Innenseite gegen das Innere der ersten Dosenhälfte gewandt, ebenfalls auf die Scheibe geklebt bzw. gelötet.

Nach dem Aushärten des Klebers wird dieses Bauteil gestürzt auf die zweite Kreisscheibe gestellt, genau ausgerichtet und ebenfalls fest mit dieser verbunden.

Das Rotor-Element ist damit fertiggestellt. Es muß noch mit einer Achse versehen werden. Verwendet man dafür eine Gewindestange, wird sie an einem Ende mit Mutter und Gegenmutter versehen, durch die Löcher der Scheiben gesteckt und unterhalb der zweiten Scheibe und einer Beilegscheibe ebenfalls mit Mutter und Gegenmutter so gesichert, daß Achse und Rotor sich nicht mehr gegenseitig verdrehen können. Man kann die Verschraubungen mit einem (noch verarbeitungs-fähigen) Rest Zweikomponentenkleber, mit Schmelzkleber oder mit etwas Lot zusätzlich fixieren.

Bei dieser Lösung dreht sich das Rotorelement mitsamt der Achse im Lager. Verwendet man einen glatten Rundstab, wird diese Achse fest in den Pfosten eingesetzt und nur das Rotorelement dreht sich. Wenn das Rotorelement mit Holzscheiben gebaut worden ist, sollten in die Bohrungen in beiden Scheiben zum Achsdurchmesser passende Niet-Ösen eingesetzt werden (es genügt, die eine Hälfte der Ösen zu verwenden): die Reibung zwischen Achse und Rotor wird dadurch deutlich verringert.

Vom überstehenden Teil der Gewindestange wird das Gewinde abgefeilt und der Schaft geglättet. Das Ende der Stange wird zu einer stumpfen Spitze gefeilt. Dann ist in die Oberkante des Pfostens, auf dem sich das Windspiel drehen soll, ein Loch zu bohren, dessen Durchmesser nur wenig größer als der Durchmesser der Achse und dessen Tiefe etwas geringer als die Länge der Achse ist. In die Bohrung wird zur Minderung der Reibung an der Achsenspitze eine passende Stahl- oder Glaskugel eingeführt, ehe man nun die Achse aufsteckt; auf den Rand des Bohrlochs wird eine Hälfte einer Niet-Öse, ebenfalls zur Verringerung der Reibung, gesteckt.

Der Savonius-Rotor bekommt noch einen Farbanstrich, dann kann er endgültig ins Freie gebracht werden.

Als Antrieb für ein bewegtes Objekt ist er nur bedingt geeignet, denn er rotiert schon bei geringer Windgeschwindigkeit sehr schnell – zudem um eine senkrechte Achse. Der Savonius-Rotor könnte aber ein Karussel ähnlich dem auf Seite 71 abgebildeten antreiben; dessen Gewicht und Windwiderstand dämpft die schnelle Umdrehung etwas.

Der hier vorgestellte Rotor ist, wie erwähnt, aus einer 0,7 l-Konservendose gefertigt. Natürlich kann man auch kleinere oder größere Dosen verwenden – so wie man den Rotor auch aus zwei gleich langen Abschnitten von Regenrinnen anfertigen kann (oder, wenn man die mühselige Arbeit des Auftrennens nicht scheut, aus einem der Länge nach halbierten Kunststoff-Rohr).

Windsack I

Für Autofahrer und Sportflieger sind Windsäcke wichtige Informationshilfen über Stärke und Richtung des Windes, der – als Seitenwind – bei der Fahrt über eine hohe und lange Autobahnbrücke oder bei Start und Landung des Flugzeuges gefährlich werden könnte. Bei Drachenfesten sieht man an vielen Drachenleinen ebenfalls Windsäcke hängen – hier aber ausschließlich zu dem Zweck, das ohnehin schon bunte Bild am Himmel noch mehr zu beleben.

Denn anders als die Windsäcke an Autobahnen und Flugplätzen rotieren diese auch als Windturbinen bezeichneten Objekte; die Farbstreifen auf den Windturbinen erzeugen dann ein faszinierendes Bild. Mit solchen Windsäcken kann man auch auf Balkon oder Terrasse für Belebung sorgen.

Drei solcher Windsäcke werden auf dieser und den nächsten Doppelseiten vorgestellt. Sie lassen sich aus leichtem Spinnakertuch oder aus Futterstoff nachbauen; geeignet ist aber auch Tyvek, ein weißes Kunstfaser-Vlies, das man in Drachengeschäften als 140 cm breite Meterware bekommt.

Der erste Windsack, auf dieser Seite zu sehen, ist nach einem relativ einfachen Schnittmuster zu fertigen: eine rechteckige Fläche wird zu einer zylindrischen Röhre geschlossen, die am Ende die im Zentrum zusammengeführten Windleitflächen aufweist. Das Schnittmuster kann allerdings dann kompliziert werden, wenn man die Schrägstreifen nicht aufmalt, sondern durch das Zusammennähen von schmalen Stoffbahnen in zwei unterschiedlichen Farben entstehen läßt.

Das Schnittmuster läßt, ob man den Windsack aus einem Stück oder aus mehreren Streifen zusammensetzt, viele Variationen zu, denn die hier angegebenen Maße sind nur als Anhaltspunkte für eine der möglichen Formen zu verstehen: Man kann den Durchmesser vergrößern, man kann den oberen bzw. vorderen zylindrischen Teil länger oder kürzer machen.

Für die Rotation dieser Windturbine sind die keilförmig zugeschnittenen Flächen am Ende des Sacks verantwortlich: sie ergeben nach dem Zusammenfügen im Zentrum die leicht schräg zur Achse stehenden Windleitflächen.

Wer für die ersten Versuche das billige Tyvek einsetzt, kann gleich ein paar Meter kaufen und leicht einige Form-Varianten ausprobieren – und eine zusätzliche Variation damit ins Spiel bringen, indem die ausgeschnittene Form mal nach vorn, mal nach hinten zum Kreis geschlossen wird. Über die zur Achse schräg stehenden Kanten der Windleitflächen wird der Wind zur Seite gelenkt – und man kann den Zuschnitt so zur Röhre schließen, daß diese Kanten eine Links- oder Rechtsdrehung der Windturbine auslösen.

Bevor das Material zur Windturbine geschlossen wird, ist die Außenseite zu bemalen. Am effektvollsten sind parallele Schrägstreifen, deren Seitenkanten die schräge Kante der Windleitflächen zum oberen Rand des Windsacks fortsetzen.

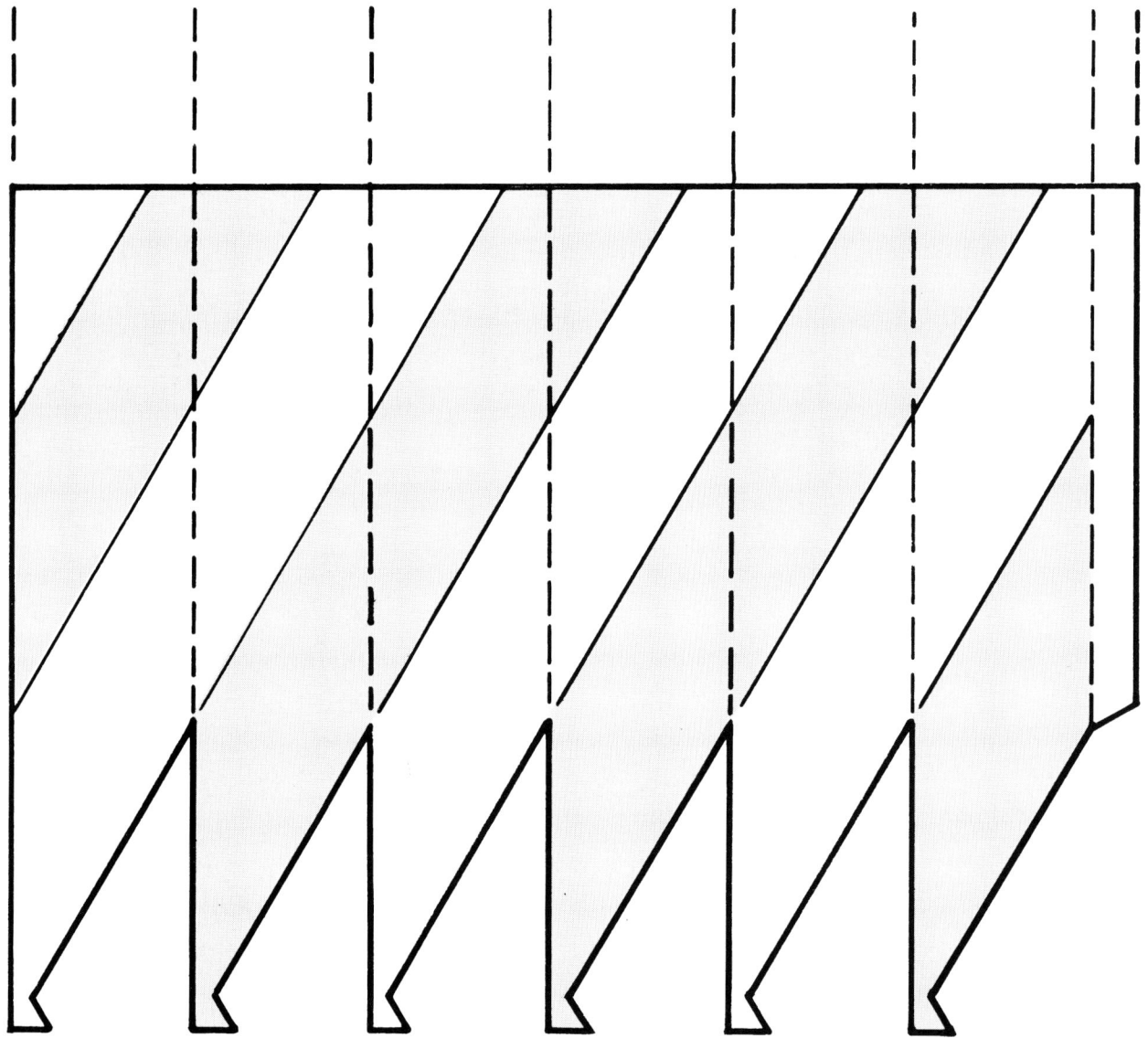

Stoff wird mit Stoffmalfarbe bemalt, Tyvek kann mit Plakafarbe bemalt werden. Allerdings sollte der Farbe etwas Ochsengalle (Künstlerbedarf) zugesetzt werden, damit die Farbe auf der glatten Tyvekfläche besser haftet.

Die Spitzen der Windleitflächen werden je nach Material zusammengeklebt oder -genäht; man kann in jedem Fall auch eine Öse annieten. Der obere Rand des Windsacks wird gesäumt – und in den Saum wird ein Ring aus Peddigrohr oder Draht eingefügt. Diese Versteifung ist unerläßlich, damit der Windsack offengehalten wird.

Am Rand werden sechs exakt gleich lange Schnüre befestigt und in einem Punkt zusammengeführt. Das geschieht am besten so, daß man drei je 3 m lange Schnüre in der Mitte zu einer 5 cm langen Schlaufe miteinander verknotet – und von diesem Knotenpunkt aus auf jeder Schnur eine Länge von 1,40 m abmißt und mit Filzstift markiert: Diese Markierung muß genau am Rand des Windsacks liegen, wenn man nun die Schnüre in gleichmäßigen Abständen auf dem Rand festknotet.

Eine schnellere Rotation ergibt sich, wenn die Schnüre durch eine mit Löchern versehene Scheibe zum Knotenpunkt geführt werden (unterhalb der Scheibe kleine Holzstückchen oder Holzperlen als Stopper einknoten, die das Abrutschen der Scheibe verhindern). Diese Scheibe (zum Beispiel der Deckel von einem Marmeladenglas) verhindert, daß die Schnüre sich miteinander verdrillen, was die Drehbewegung deutlich bremst.

An der Schlaufe wird nun der Windsack an der Drachenleine oder an einer geeigneten Vorrichtung über dem Balkon oder der Terrasse aufgehängt – allerdings nicht direkt, sondern in jedem Fall über einen sogenannten Wirbel, damit der Windsack frei rotieren kann. Wirbel bekommt man in unterschiedlichen Größen, mit und ohne Karabinerhaken, in Drachengeschäften und in Fachgeschäften für Anglerbedarf.

Windbeutel II

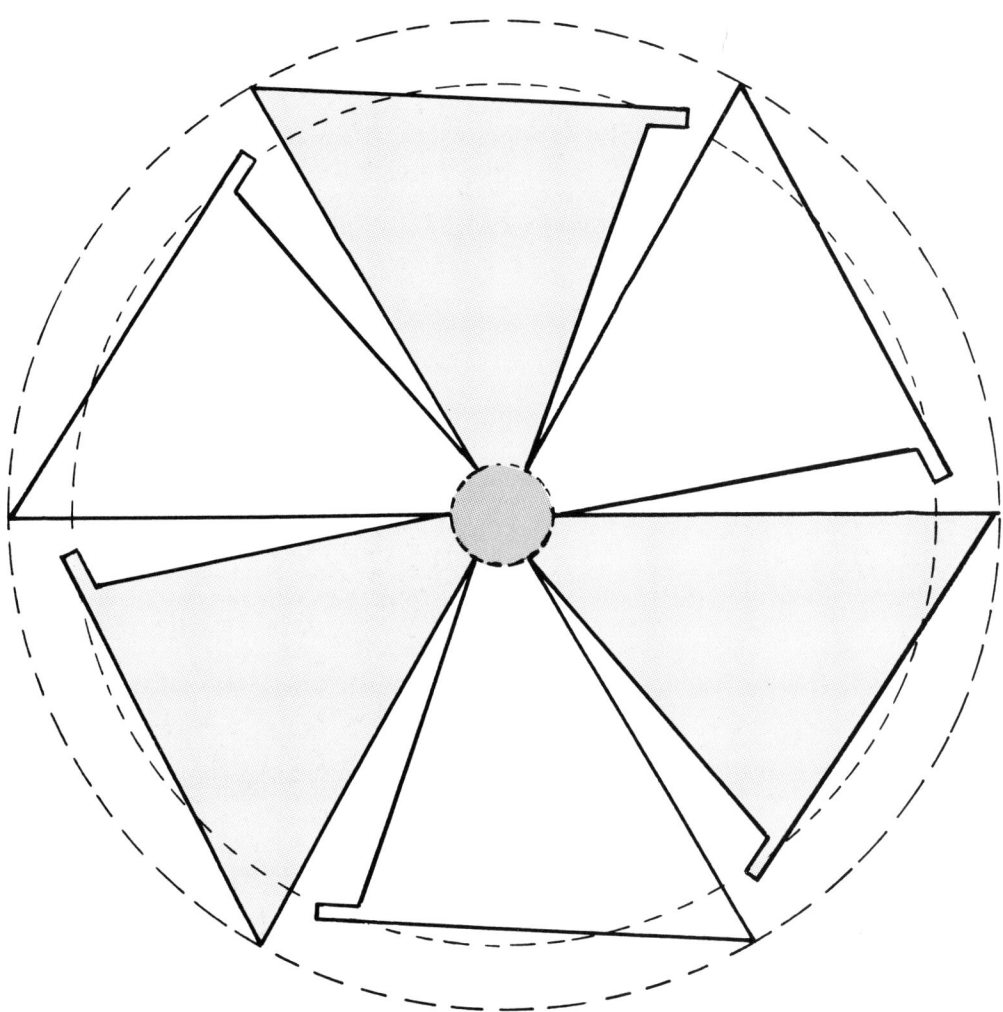

Ähnlich wie das vorige Modell funktioniert dieses Beispiel für einen Windsack – es ist allerdings etwas anders konstruiert und läßt auch nicht so viele Wandlungsmöglichkeiten zu, es sei denn, man kann sehr verschwenderisch mit dem Baumaterial umgehen.

Dieses Windspiel besteht eigentlich nur aus den sechs Windleitflächen, die zu einem trogähnlichen Gebilde zusammengefaßt sind. Es gibt also keine Luftröhre vor den Windleitflächen. Das Schnittmuster ist so angelegt, daß die Windleitflächen im Zentrum zusammenhängend ausgeschnitten werden und der obere Rand des Windbeutels durch Zusammennähen oder -kleben geschlossen wird. Der relativ hohe Anteil des verschnittenen, nicht genutzten Materials zwischen den Windleitflächen wird in etwa wettgemacht durch die einfache Anfertigung.

Man kann das Schnittmuster direkt auf dem gewählten Material entwickeln, man kann es aber auch erst einmal auf einem Bogen Packpapier konstruieren, dann ausschneiden und mit Hilfe dieser Schablone aus dem Stoff oder Tyvek ausschneiden.

Weil der Windbeutel als ein Stück ausgeschnitten wird, bleibt er einfarbig – es sei denn, man malt ihn an. Man könnte zum Beispiel jedes Segment in einer anderen Regenbogenfarbe anlegen; oder man malt nur schmale Farbstreifen an den schrägen Kanten der Windleitflächen auf.

Auch bei diesem Windsack muß in den oberen Rand eine Versteifung eingesetzt werden: Man näht oder klebt einen Saum bis auf eine etwa 5 cm lange Strecke und führt einen Draht oder Peddigrohr ein, die zu einem Ring geschlossen werden müssen. Danach wird der Saum vollends geschlossen.

Über der Mitte jeder Windleitfläche sind wiederum Schnüre zu befestigen, die wie beim vorher gezeigten Modell über eine Distanzscheibe in einen Punkt vereint und verknotet werden. Hier ist dann auch die Schnur, am besten mit einem Wirbel, zu befestigen, an der das Windspiel aufgehängt wird.

Windturbine III

Eine aufwendig anzufertigende, aber besonders spektakuläre Windturbine ist dieses dritte Modell, bei dem die Windleitflächen am vorderen Rand angeordnet sind; die konisch zulaufende Röhre mündet in flatternde Streifen – und die sorgen neben dem wechselnden Farbspiel bei langsamem Rotieren für das schöne Bild, das eine solche Windturbine am Himmel unter einem Drachen oder an einer geeigneten Aufhängung im Garten bietet.

Zunächst einmal ist das Schnittmuster auf einem ausreichend großen Stück Packpapier (eventuell aus mehreren Bogen zusammengeklebt) anzulegen. In unserem Beispiel ist das Schnittmuster für eine einschließlich der Fransen rund 1,20 m lange Windturbine vorgegeben (damit die Turbine aus dem üblicherweise 140 cm breiten Tyvek bei voller Nutzung der Bahnenbreite zugeschnitten werden kann). Man kann natürlich auch eine größere (und zugleich weitere) Turbine anfertigen und müßte dazu alle Maße mit dem gewünschten Faktor multiplizieren.

Auf das Schnittmuster sind die Endpunkte der gestrichelten Linien aufzutragen, dann wird es ausgeschnitten auf das Tyvek glatt aufgelegt (es können natürlich gleich mehrere Lagen Tyvek mit Hilfe des Schnittmusters zugeschnitten werden). An einer Längskante ist eine etwa 2 cm breite Klebelasche, an den acht kurzen Oberkanten sind jeweils 2 cm Saumzugaben auf das Material zu übertragen. Die Fransen brauchen nicht gesäumt zu werden. Die dicker eingezeichneten Linien unterhalb dieser Oberkanten sowie die Trennlinien zwischen den Fransen sind einzuschneiden. Die auf das Tyvek übertragenen Punkte sind durch dünne Bleistift-Striche zu verbinden: Diese Linien bilden die Begrenzungen der Farbflächen, die nach dem Zuschneiden des Tyvek (und vor dem Zusammenkleben der Röhre) aufzumalen sind.

Es genügt, nur zwei unterschiedliche Farben einzusetzen, d. h., man kann sich damit begnügen, jede zweite Fläche auszumalen – und das Weiß des Tyvek wäre die zweite Farbe.

Nach dem Trocknen der Bemalung kann die konische Röhre zusammengefügt werden. Als erstes muß aus dem vorderen Rand der Röhre, der im Schnittmuster noch eine gezackte Linie ist, eine gerade Kante werden. Dazu werden jeweils die oberen Ecken der Zacken mit den unteren Ecken der nächsten Zacken verbunden, indem man die beiden Ecken dicht nebeneinander legt und auf der Innenseite der Röhre (also der nicht bemalten Seite des Tyvek) 5 x 1 cm große Stücke Tyvek mit einem Alleskleber aufklebt. Dabei bauscht sich jeweils eine der parallel nebeneinander liegenden Kanten auf – so entstehen die Windleitflächen.

Sind alle diese Ausbuchtungen fertiggestellt, wird die Röhre mit Hilfe der Klebelasche geschlossen. In den vorderen Rand der Röhre ist ein Ring aus Draht oder Peddigrohr einzulegen, darüber werden die Saumstreifen nach innen umgeschlagen und festgeklebt.

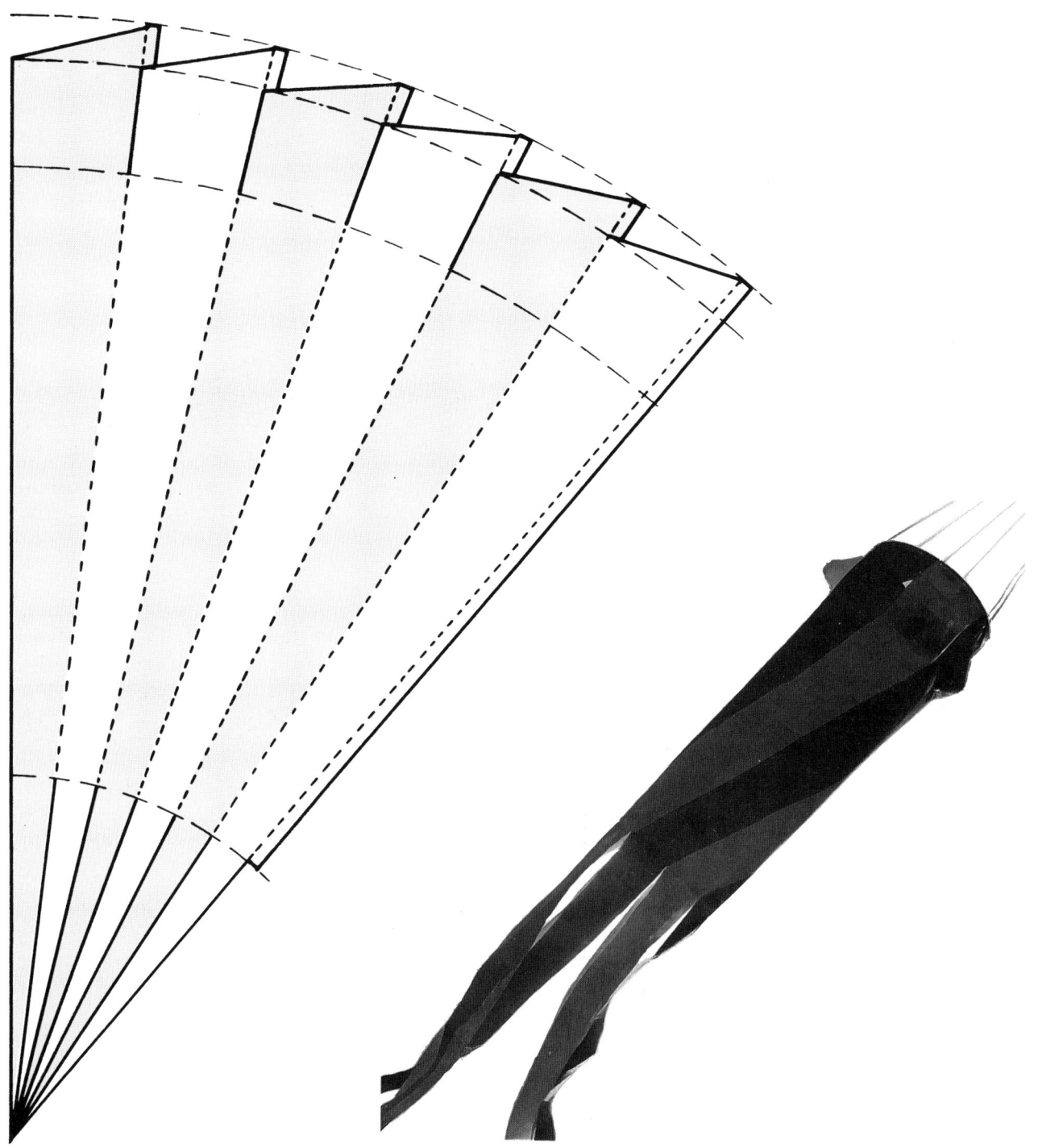

Die letzte Arbeit ist nun wieder, am vorderen Rand der Turbine acht lange Schnüre festzuknoten. Die Schnüre können genau über den Schlitzen oder aber jeweils in den Mitten dazwischen befestigt werden. Sie müssen auf gleiche Länge gebracht und in einem Punkte miteinander verknotet werden. Auch hier empfiehlt es sich wieder, kurz unter diesem Punkt die acht Schnüre durch eine entlang dem Rand mit acht Löchern versehene Scheibe zu führen. In Drachengeschäften gibt es einen besonderen Wirbel, der diese Funktion übernimmt. Er ist mit einem Kugellager versehen und rotiert deshalb nahezu ohne Reibungswiderstand.

Flugenten

Zwei Beispiele einer sehr beliebten Windspiel-Form sind auf diesen Seiten zu sehen: zwei »Flugenten«, die an verschiedenen Orten entstanden sind und doch einander ähnlich sind (und von denen es noch andere Varianten geben wird).

Gemeinsam ist ihnen, daß sie rechts und links vom Körper je einen zweiblättrigen Rotor haben (also eigentlich vier Flügel aufweisen) und daß die Anstellwinkel der beiden Rotoren genau gegensätzlich sind, so daß die Flügel gegenläufig rotieren und dadurch ein lebhaft wirbelnder Flügelschlag simuliert wird.

Beide Enten werden in Serienfertigung hergestellt, deshalb kann und soll hier keine Bauanleitung zu lesen sein. Aber für den findigen Leser wird es nicht schwer sein, eine ähnliche Ente selber zu bauen.

Der Körper wird aus 19 mm dickem, wasserfest verleimtem Sperrholz, die Flügel werden aus 6 mm dickem, ebenfalls wasserfest verleimtem Sperrholz (Bootssperrholz) gefertigt. Da, wo die Schrauben als Achsen für die Flügel von beiden Seiten in den Körper eingedreht werden, sind kurze Abschnitte von einem 20 mm dicken Rundstab mit Holzleim für wasserfeste Verleimungen an den Körper zu leimen: diese Klötze geben erstens den Schrauben mehr Halt und sorgen zweitens für die nötige Distanz der Flügel zum Körper. Die Flügel würden sonst am Körper streifen.

Die Flügel selbst sind jeweils als Propeller mit gegenständig schräg gestellten Blättern zu bauen. Als »Naben« braucht man daher entweder zwei Rundstab-

Abschnitte oder man schneidet kurze Stücke einer Quadratleiste von den Schmalseiten her unter einem Winkel von 25 Grad ein und steckt und klebt die Propellerblätter in diese Schlitze.

Übrigens sind solche Enten nicht nur ein attraktives Windspiel für den Ziergarten: Im Obstgarten können sie sich auch nützlich machen. Wenn man nämlich die beiden Klötzchen so kurz macht, daß die dünnen (Sperrholz-)Flügel beim Rotieren gerade so eben am Körper vorbeidrehen, dann werden sie durch etwas stärkeren Wind leicht gegen die Körperkante gedrückt. Sie werden nicht lautlos rotieren, sondern mehr oder weniger laut klappern: das Geklapper und dazu die wirbelnde Bewegung der Flügel können zur Reifezeit der Kirschen genäschige Vögel vertreiben. Möglicherweise aber auch Unmut bei Nachbarn erzeugen. In einem kleinen Reihenhausgarten sollte man sich deshalb eher für eine geräuschlose Version entscheiden – und dafür den Kirschbaum mit einem Netz abdecken...

Eine Raffinesse der einen oder anderen fertig käuflichen Ente: Auf der Bauchseite des Körpers ist nicht nur ein Loch gebohrt, das den Achsstift aufnimmt, sondern es sind drei Löcher gebohrt. Dann kann man die Ente in unterschiedlichen Flughaltungen auf die Achse stecken: mit hochgerecktem Kopf als startende Ente, mit waagerecht gestrecktem Körper in normaler Flughaltung oder mit gesenktem Kopf als Ente im Sinkflug. Natürlich kann auch die selbstgebaute Ente dafür gerüstet werden – so wie man in ein gekauftes Modell zwei weitere Löcher bohren kann.

Windvogel

Ähnlich wie bei den auf Seite 54/55 vorgestellten Enten setzt der Wind bei diesem Vogel vier Flügel in Bewegung – die hier allerdings um eine Achse in Längsrichtung des Vogelkörpers rotieren. Das ist nicht weniger effektvoll: Von der Seite gesehen kann diese Rotationsbewegung bei kräftigem Wind durchaus den Eindruck erwecken, als schlage der Windvogel mit den Flügeln auf und ab.

Die Anfertigung verlangt einiges handwerkliches Geschick. Das Aussägen der Teile Kopf mit Brust, Schwanz und vier identische Flügel ist dabei noch die leichteste Aufgabe – selbst wenn der Vogel aus 1 mm dickem Weißblech gesägt wird. Die hier in Grau gedruckten Vorlagen für Kopf, Schwanz und einen Flügel können im Fotokopierer in ein oder zwei Schritten vergrößert werden, bis der Vogel vom Schnabel bis zum Schwanzende die gewünschte Länge erreicht hat bzw. bis die Basiskanten der Flügel so lang sind, daß sie zwischen die beiden Speichenflansche der Vorderrad-Nabe eines Fahrrads passen.

Die auf richtige Größe gebrachte Vorlage wird entweder mit Hilfe von Kopierpapier auf das Blech übertragen (dazu muß das Blech vorher mit etwas Benzin oder Spiritus abgewischt werden – so wird es fett- und ölfrei und nimmt die Farbe leichter an), oder man schneidet den Umriß aus, heftet ihn mit ein paar Klebstreifen auf das Blech und sägt entlang den Kanten aus (durchgesägte Klebstreifen durch neue ersetzen, damit die Vorlage nicht verrutscht). Die Kanten werden mit Feile und Schleifpapier nachbehandelt, damit keine Grate zurückbleiben, an denen man sich bei den folgenden Arbeitsschritten verletzen könnte.

Die schmalen Streifen neben den gestrichelten Linien am Kopf- und Schwanzteil müssen noch rechtwinklig umgebogen werden.

Der kompliziertere Arbeitsgang ist nun die Montage der vier Flügel auf einer ausgedienten Fahrrad-Nabe (komplett mit Achse beim Alteisenhändler oder auf dem Recyclinghof der Müllabfuhr zu besorgen) und die Verbindung von Kopf und Schwanz mit der Achse.

Die beiden Flansche mit den Löchern für die Speichen sind zunächst einmal einzusägen, damit man die Blechflügel in die entstehenden Schlitze stecken und dort festlöten kann. Zunächst werden die Schlitze in den einen Flansch gesägt, natürlich exakt um 90 Grad versetzt. Bei zwei sich genau gegenüberliegenden Schlitzen kann man in die vorhandenen Speichenlöcher sägen; die beiden anderen Schlitze müssen genau ausgemessen werden: Weil auf dem Flansch 18 Speichenlöcher angebracht sind, beträgt der Abstand zwischen den Löchern jeweils 20 Grad – so daß sich also keine 90 Grad-Teilung ergibt.

Dann sägt man in den anderen Flansch der Nabe ebenfalls vier Schlitze – aber jeweils um zwei Speichenlöcher nach links oder rechts versetzt. Denn die Flügel müssen ja schräg zum Wind stehen, damit sie in Rotation versetzt werden.

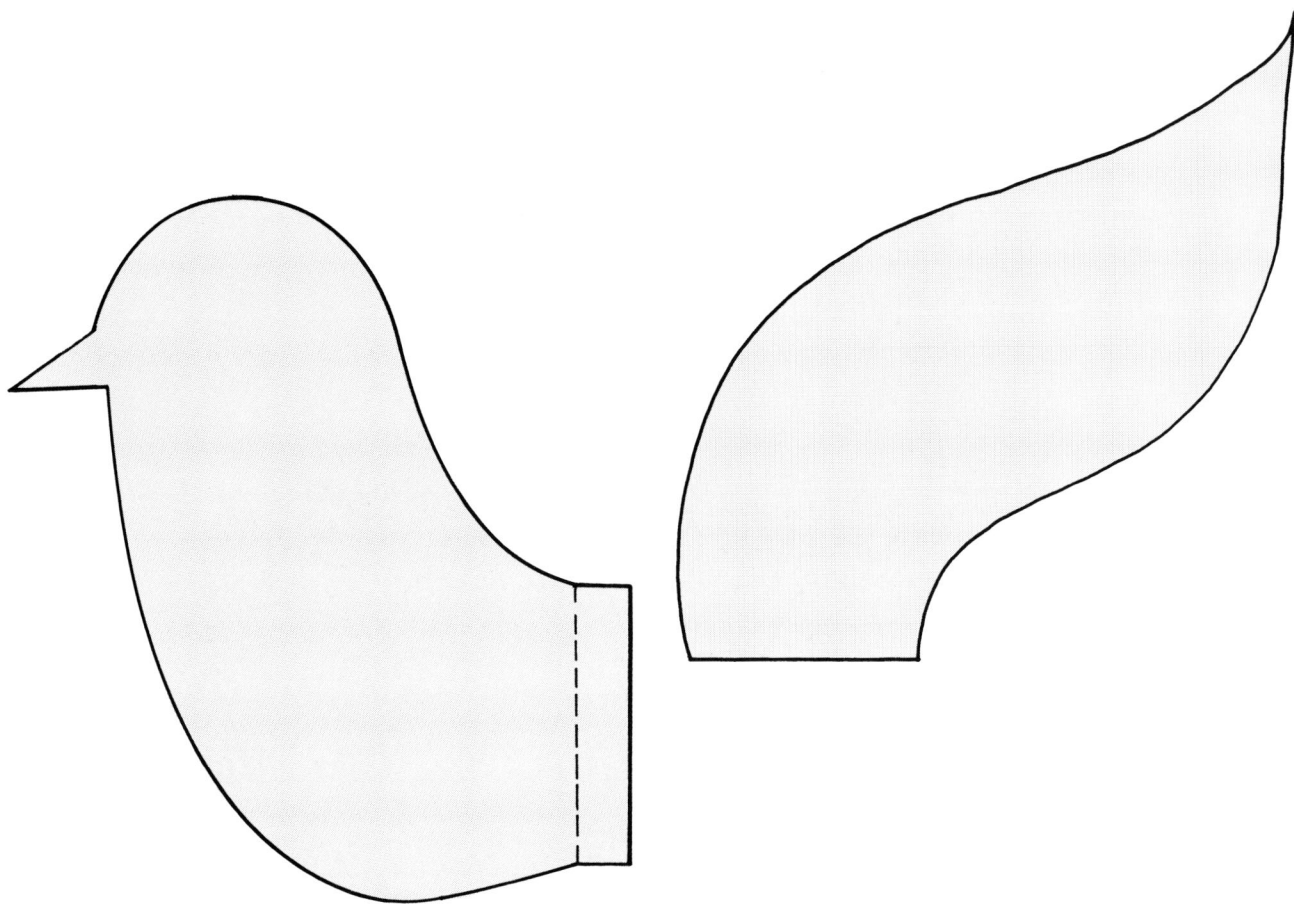

Man kann die Flügel an ihrer Basis so zurechtsägen und -feilen, daß diese Kante in ganzer Länge am Nabenmantel anliegt: dann ergeben sich etwas längere Lötnähte – und damit haltbarere Verbindungen.

Beim Anlöten muß sehr sorgfältig gearbeitet werden, damit die Flügelflächen genau rechtwinklig zueinander stehen. Schon eine geringe Abweichung erzeugt Unwucht und läßt die Flügel nicht frei rotieren.

Die Verbindung zwischen den flachen Blechteilen und dem Rotationskörper ist dann wieder eine leichtere Arbeit: In die umgebogenen Streifen am Kopf- und Schwanzteil sind mittig Löcher mit 8 mm Durchmesser zu bohren – und mit Muttern und Gegenmuttern sind dann Blechteile und Achse fest miteinander zu verbinden.

Damit der Windvogel sich stets in den Wind drehen kann (der Schwanz wirkt als Windfahne), muß er drehbar auf einer senkrechten Achse montiert werden. Dazu wird in ein dünnes Metallrohr von etwa 30 cm Länge an einem Ende ein 8 cm langer und 1 mm breiter Schlitz gesägt. An die Unterkante des Kopfteils wird dicht neben dem umgebogenen Streifen – also dort, wo der Vogel auf der Achse aufsitzt – eine Beilegscheibe angelötet: Sie bildet das Widerlager für die Achse bzw. das »Kugellager«.

Der Windvogel wird in den Schlitz des Rohrs gesteckt, dann werden Rohr und Windvogel zwei- oder dreimal quer durchbohrt. Durch die Bohrungen werden Schrauben eingeführt, die Rohr und Windvogel fest miteinander verbinden.

Bevor das Rohr auf eine Metallstange gesteckt wird, muß noch eine Stahl- oder Glaskugel eingeführt werden, die die Reibung zwischen Stange und Vogel mindert. Die Achse wird entweder in einen Holzpfahl gesteckt oder mit geeigneten Schellen an einer anderen Halterung befestigt.

Es wäre einige Attraktivität verschenkt, wenn der Windvogel nur farblos lackiert würde. Ein farbiges Federkleid wirkt natürlich sehr viel schöner. Dabei muß gar nicht einmal ein besonders auffälliger Vogel mit vielen Farben im Gefieder imitiert werden. Auch ein dominierendes Schwarz mit einigen wenigen Farbakzenten kann sehr schön wirken. Der Windvogel kann sich aber auch sehen lassen, wenn er – wie das abgebildete Beispiel – mit Goldlack lackiert wird.

Tönende Windspiele

Zwei Beispiele fernöstlicher Windspiele sind auf diesen beiden Seiten zu sehen. Es sind Objekte, die auch aus lautlosem Wind Geräusche machen können: Geklapper oder Getrommel, je nach Ausstattung.

Das große Foto zeigt eine Windmühle, die (sehr lautes) Geklapper erzeugt, und in der Zeichnung ist ein Schlagwerk dargestellt, das in China vor allem an Drachen aufgehängt wird und bei dem eine kleine Trommel und ein Gong die Begleitmusik zum Windgeräusch machen. Für den kleinen Reihenhausgarten sind die beiden an sich originellen Windspiele kaum geeignet, wohl aber für einen größeren Obstgarten, aus dem man zur Reifezeit Vögel fernhalten will.

Für den, der die Windspiele nachbauen will, hier einige Hinweise.

Für beide Modelle ist Bambusrohr das traditionelle Baumaterial. Für die Klappermühle braucht man volles Rohr: ein 40 cm langes knotenfreies Stück mit etwa 30 mm Durchmesser als Resonanzkörper, zwei 55 cm lange Stücke mit ebenfalls 30 mm Durchmesser, die mehrfach gespalten werden, so daß sich die Bauteile für den Rahmen, die Achse, die Klöppel und die Klangstäbe sowie den Propeller ergeben. Es wird noch ein 30 cm langes Rohr mit etwa 25 mm Durchmesser und schließlich ein etwa 20 cm Rohr mit nur etwa 12 mm Durchmesser benötigt: das dickere Rohr ergibt die Nabe, die sich auf einem dünneren Rundstab als Achse dreht, aus dem dünnen Rohr werden die jeweils etwa 5 cm langen Halter für die Klöppel gefertigt.

In das 40 cm lange Rohr werden drei rechteckige Ausschnitte gesägt und mit dem Stechbeitel ausgehoben: das sind die Schallöcher. Außerdem müssen zwei kreisrunde Löcher als Durchgang für das senkrechte Rohr, die Nabe, ausgeschnitten werden sowie ein rechteckiger Schlitz für die mittlere Stütze im Rahmen.

Die beiden anderen dickeren Rohre werden der Länge nach zunächst in vier Teile gespalten. Ein Teil wird in je einen 14, 13 und 12 cm langen Abschnitt zersägt: das werden die drei Klanghölzer. Andere Teile werden noch einmal der Länge nach gespalten. Daraus werden Bauteile für den Rahmen: ein 45 cm langes Oberteil, zwei 18 cm lange senkrechte Teile (vorn und hinten) und eine 17 cm lange Zwischenstütze. Außerdem ist unter das obere Rahmenteil eine Zarge einzusetzen. Alle Bambusteile werden auf der Innenseite flach geschliffen, damit sich die Teile enger miteinander verbinden lassen. In den Detailfotos sind Anregungen dafür zu sehen, wie die Verbindungen auszuführen sind.

In alle senkrechten Teile des Gestells sind 7 cm unter der Oberkante Löcher für die Achse zu bohren. Die Achse selbst wird aus einem der Bambus-Splittstücke gefeilt; an einem Ende bleibt das Splittstück breit: dies verhindert, daß die Achse nach hinten rutschen kann. Gegen das Verrutschen nach vorn wird, wenn die Klöppel auf die Achse gesteckt sind und die Achse in das Gestell eingeschoben worden ist, dicht hinter der Gestellvorderkante ein Nagel in die Achse eingeschlagen.

Zur Aufnahme der Klöppel werden 5 cm lange Stücke dünnes Bambusrohr in der Mitte durchbohrt (damit sie auf die Achse gesteckt werden können, wo sie nachher mit kleinen Nägelchen fixiert werden) und an einem oder an beiden Enden mit einem breiten Schlitz versehen, so daß jeweils ein oder zwei Klöppel befestigt werden können. Die Schlitze sind an einer Seite etwa 2 cm tief, an der anderen Seite nur 1,5 cm. Die Klöppel – deren Form aus den Fotos deutlich wird – weisen hinter dem Drehpunkt jeweils einen »Fortsatz« auf, der gegen die Innenseite der niedrigeren Einschnitte stößt; dies bewirkt, daß die Klöppel nur eine Drehrichtung der Achse erlauben: die gegenläufige Rotation wird gestoppt.

Eine gegenläufige Rotation wird dann eingeleitet, wenn das Windspiel sozusagen mit dem Rücken oder seitlich zum Wind steht: Der Propeller kann sich in diesem

Fall nicht so drehen, wie es sich durch den Anstellwinkel der beiden Windleitflächen ergibt. Anstatt daß die Windleitflächen eine Rotation auslösen, drücken sie
das ganze Windspiel um die senkrechte Achse so weit, bis es mit dem Propeller
zum Wind steht – und bis schließlich die Rotation im gewünschten Sinn beginnen
kann.

Bei dem abgebildeten Beispiel besteht der Arm des Propellers ebenfalls aus
Bambus; er wird mit einem rechteckigen Ausschnitt in der Mitte auf die ebenfalls
rechteckig geschnitzte Spitze der Achse gesteckt. Die Windleitflächen sind als
Kreise mit einem Durchmesser von 12 cm aus Blech geschnitten; sie werden in die
geschlitzten Enden der Propellerachse gesteckt und mit je einem Nägelchen
befestigt.

Die Klanghölzer werden jeweils zweimal durchbohrt und mit Nägeln, die etwas dünner als die Bohrdurchmesser sind, auf dem Resonanzkörper locker befestigt. Sie liegen aber nicht direkt auf: zwischen Resonanzkörper und Klangholz-Unterseite stecken kleine, etwa 4 mm dicke Gummistücke auf den Nägeln. Da die Klanghölzer unterschiedlich lang sind, entstehen unterschiedlich hohe Töne. Und da die Klöppelhalter zur Achse verschieden angeordnet sind, entsteht bei Rotation des Propellers ein fortwährendes Klappern in unterschiedlichen Tonlagen.

In die Nabe sollte eine passende und möglichst ebenmäßige Glasmurmel eingelegt werden, ehe man das Windspiel auf einen Rundstab steckt. Die Glaskugel verringert die Reibung bei Drehbewegungen.

Zweierlei Schlagwerk

Ein zweites Beispiel stellen wir mit einer Zeichnung aus einer chinesischen Veröffentlichung vor. Sie zeigt ein Schlagwerk, das in China an Drachen gehängt wird. Die löffelartigen Windschaufeln sind so eingestellt, daß das Windspiel mit seiner Breitseite (in der Zeichnung vorn) dem Wind zugewandt wird, also parallel zur Bespannung des Drachens zum Beispiel an dessen Kopfende befestigt werden kann.

Die Vorlage zeigt eine einfachere und leichtere Konstruktion als im ersten Beispiel. Hier wird das Gestell im Original zwar auch aus gespaltetem Bambus gebaut; man kann aber auch 10 x 10 mm starke Quadratleisten aus dem Baumarkt einsetzen.

Es ist aus zwei 25 cm langen, einem 18 cm langen und drei 35 cm langen Stücken ein Rahmen zu bauen, der mit einem zweiten Rahmen in einem Winkel von 30 Grad verbunden ist (dieser zweite Rahmen dient zur Befestigung des Windspiels am Drachen). Alle Verbindungen sind überplattet, mit wasserfest abbindendem Leim geklebt und zusätzlich mit schmalen Lederstreifen gesichert. Diese Streifen werden vor der Anwendung naß gemacht; beim Trocknen ziehen sie sich zusammen und ergeben dadurch besonders feste Wicklungen.

An die Kopfenden der beiden seitlichen Rahmenstäbe werden aus steifem Draht oder aus 3 mm dickem Peddigrohr Ösen als Achslager gebunden, zwischen den beiden unteren waagerechten Rahmenstäben werden der Gong und die Trommel befestigt. Beide werden aus jeweils etwa 2 cm langen Bambusrohr-Abschnitten von etwa 10 cm Durchmesser gefertigt. Der Gong ist ein Knotenstück, dessen eine Seite mit dem »Knoten« plan geschliffen wird, so daß der Knoten die Schlagfläche darstellt. Die Trommel ist eine Rohrscheibe, über die ein Stückchen dünnes Leder gespannt wird. Das Leder wird vorher naß gemacht und dann unter Spannung mit kleinen Messingnägeln fixiert.

Gong und Trommel werden mit je vier Schnüren oder Drähten im Gestell aufgehängt, so daß sie frei schwingen können und dadurch besser klingen.

Die vier Klöppel werden aus Bambus-Splittstäben gefertigt. An einem Ende sind Verdickungen zu formen; die gebogene Form bekommen die Klöppel durch Verbiegen, nachdem man den Bambus einige Zeit gründlich gewässert und dann über einer Kerzenflamme vorsichtig erhitzt hat. Die Hitze bzw. der im Material entstehende Dampf macht Bambus weich und biegsam; nach dem Abkühlen behält das Material die gebogene Form (durch erneutes Erwärmen kann eine mißlungene Linienführung korrigiert werden).

Die Klöppel stecken in einem über die seitlichen Gestellstäbe gezogenen großen Gummiring. Der Gummi wird mit einem kurzen Holzstückchen so gedreht und gespannt, daß die zwischen die Gummistränge gesteckten Klöppel in Ruhestellung gegen das obere waagerechte Gestellteil gedrückt werden.

Die Achse kann aus einem rundgeschliffenen Streifen Bambus bestehen, man kann aber auch einen Dübelstab (8 mm Durchmesser) verwenden. An beiden Enden werden, um 90 Grad versetzt, rechtwinklig zur Achse zwei 20 cm lange Stäbe befestigt, an deren Enden die Windschaufeln anzubringen sind. Das können zum

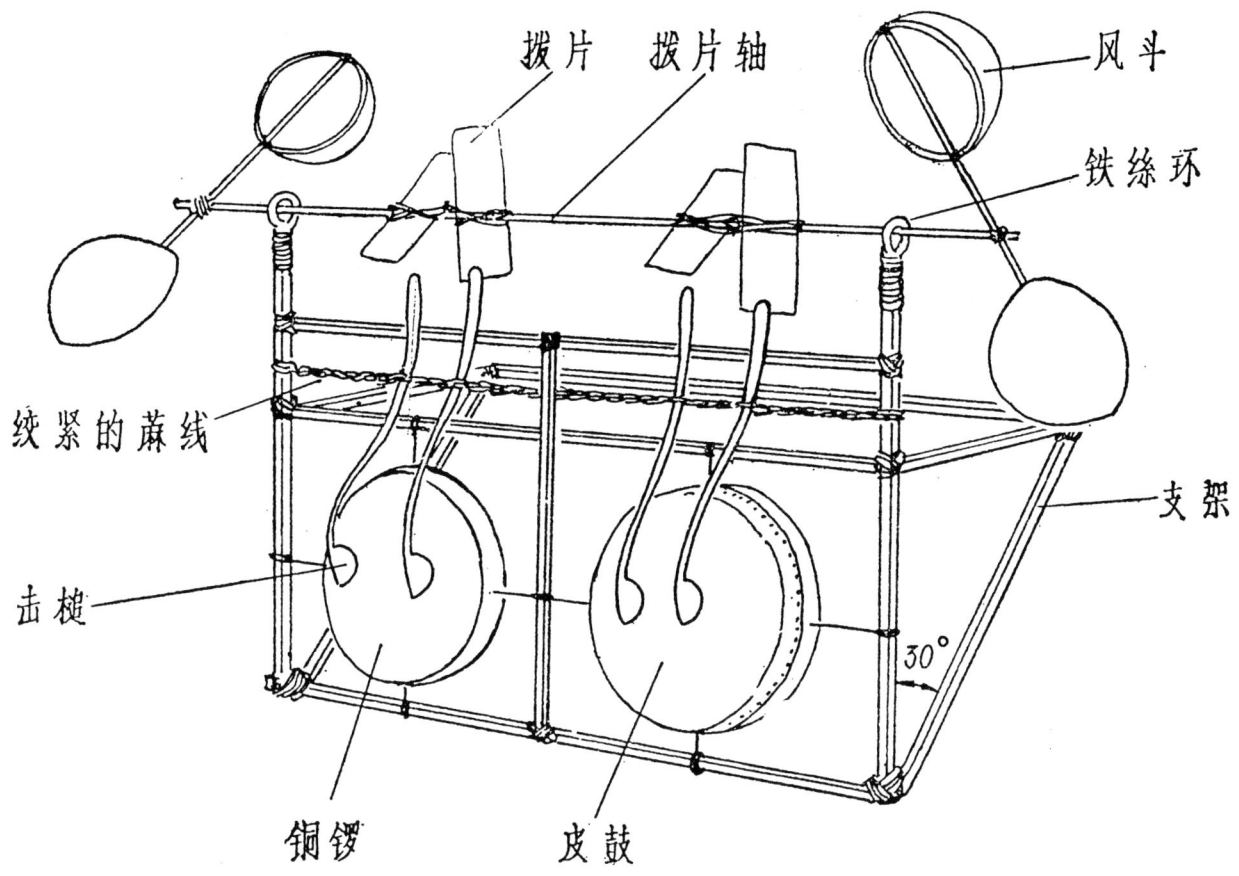

拨片　　拨片轴

风斗

铁丝环

绞紧的麻线

支架

击槌

30°

铜锣　　皮鼓

Beispiel halbierte trockene Zierkürbisse sein, das können aber auch aus dünnem Blech (Deckel und Boden von Konservendosen) geformte Trichter sein, wie sie auch für das auf Seite 71 abgebildete Karussell benötigt werden.

Auf der Achse sind nun noch zwei Mitnehmer-Plättchen für die Klöppel zu befestigen. Sie werden, wie die Zeichnung deutlich zeigt, versetzt angeordnet, so daß die Klöppel in einem ganz unregelmäßigen Rhythmus gegen Gong und Trommel schlagen, bei heftiger Rotation der Achse aber ein dichter Trommelwirbel entsteht. Diese Plättchen bestehen aus sehr dünn geschliffenen, etwa 2 cm breiten Bambus-Splittstäben, aus dünner geschliffenen Holzleisten oder werden aus Spateln vom HNO-Arzt gefertigt. Diese Mitnehmer werden mit unterschiedlichen Winkeln zueinander auf der Achse befestigt. Sie sollten durch kleine Nägel fixiert werden, damit sie sich nicht verdrehen können; außerdem werden sie mit Schlaufen aus dünnem Draht festgehalten.

Bei dem gedachten Zweck als an einem Drachen befestigtes Klangspiel ist dieses Windspiel stets dem Wind zugewandt. Will man es im Garten aufstellen, müßte es drehbar montiert werden: dann müßte an der Mittelstütze des Rahmens ein Metallstift befestigt werden, der als Drehachse dient und in einem Holzpfahl steckt.

Blick über fremde Zäune

Windspiele verstecken sich nicht, denn sie müssen ja so montiert sein, daß sie dem Wind exponiert sind. Deshalb sind sie nicht nur Augenweide für ihren Besitzer, sondern oft auch für den fremden Betrachter außerhalb des Zauns. Und da kann man dann vielfach Stereotypen sehen: den Holzhacker oder die an einem Baumstamm herumsägende Figur – oder auch die Figur, die scheinbar nichts anderes tut, als eine Kurbelwelle zu drehen, während doch in Wahrheit die vom Windrad getriebene Kurbelwelle den Mann bewegt. Endlos sich wiederholende Absurdität also. Ein besonders schönes Beispiel ist auf dem Umschlag in Farbe reproduziert und wird hier in Schwarzweiß wiederholt. Sein Erbauer, ein alter Handwerker im Oberschwäbischen, hat gern jedem, der am Zaun seines Gartens stehenblieb, mit Schalk in den Augenwinkeln die Mechanik erklärt: Das Windrad treibt über einen Gummiriemen ein kleines Rad mit Kurbel an, scheinbar von einem Mann in Bewegung gesetzt. Je stärker der Wind weht, desto ärger legt sich der Mann ins Zeug. Aber zugleich werden auch die Arme seiner Frau (durch Mitnehmerstifte an der Felge des kleinen Rads) herumgewirbelt und dreschen mit einem kleinen Handbesen auf ihn ein. Er mag sich also noch so abplagen: je heftiger er arbeitet, desto heftiger kriegt er Hiebe.

Man kann es aber auch andersherum sehen: Nur weil ihn die Frau antreibt, scheint er bereit zu sein zu arbeiten; schlägt sie ihn schneller, zeigt das deutlich Wirkung, und er legt im Arbeitstempo zu.

Der hinterlistige Oberschwabe wußte auch viele Jahre, nachdem er dieses absurde Windspiel fertiggestellt hat, nicht, welche Version die richtige sei. »Ja, so ist halt das Leben«, meint er.

Weil Windspiele tagaus, tagein jedem Wetter ausgesetzt sind, bleibt es nicht aus, daß sie darunter zu leiden beginnen: Farbe wird unansehnlich, blättert ab – und so verlieren Bauteile ihren Schutz gegen Verwitterung. Eisenteile beginnen zu rosten, die Mechanik wird schwergängig. Und irgendwann läßt sich der Widerstand, der Korrosion im Getriebe bedeutet, vom Windrad nicht mehr überwinden: das Windspiel kommt zum Stillstand – wenn es nicht sogar Teile verliert. Reparaturen lohnen sich dann kaum mehr, für einen Neubau mag es dem Besitzer an Lust und Energie fehlen. Beim neugierigen Blick über fremde Zäune sieht man nicht selten solche Objekte, die bessere Tage gesehen haben.

Gleichwohl haben auch solche »Ruinen« ihren Reiz, können Anregung für Nachschöpfungen sein, mit denen eines Tages der fremde Betrachter seinen eigenen Garten zieren wird. So mögen auch diese Beispiele verstanden werden. Auch wenn sie teilweise arg ramponiert sind, lassen sie ihre ursprüngliche Funktionsweise noch ahnen und können so noch zu ähnlichen Windspielen anregen.

Auf den nächsten Seiten einige kompliziertere Beispiele mit Hinweisen, wie sie nachzubauen sind.

Trichter als Windschaufeln

Meßgeräte für die Windgeschwindigkeit, sogenannte Anemometer, sind mit einem ähnlichen Antrieb wie dieses hier abgebildete Windspiel ausgestattet: mit kleinen Halbkugeln an einem Drehkreuz, deren Rotationstempo mit der Windgeschwindigkeit wächst. Dabei wird Strom erzeugt – und der läßt den Zeiger eines Meßinstruments ausschlagen.

Bei unserem Beispiel, im Garten eines französischen Dorfes fotografiert, sind es keine Halbkugeln, sondern kegelförmige Hohlkörper, die den Antrieb liefern. Sie treiben ein »Karussell«, das aus einem extra angefertigten Rad besteht, an das kleine Figuren angehängt wurden. Einfacher zu bauen ist ein solches Karussell, wenn man dafür ein ausgedientes Vorderrad von einem Fahrrad zur Verfügung hat.

In der Radnabe müssen noch die Achse, die Kugellager und die Konusse vorhanden sein, wenn nicht, kauft man diese Ersatzteile im Fahrradgeschäft. Außer dem Rad benötigt man dünnes Weißblech, aus dem man die Trichter und die Sitze für die Figuren, die hier Karussell fahren sollen, anfertigt. Für die Trichter können auch die kreisrunden Deckel und Böden von 850er Konservendosen verwendet werden, da man ohnehin Kreise aus dem Blech schneiden müßte. Zwar bekommt man aus diesen Dosenblechen nur verhältnismäßig kleine Windtrichter: aber wenn man entsprechend mehr anfertigt und am Rad montiert, wird der geringe Vortrieb, den jeder einzelne Trichter liefert, wieder ausgeglichen.

Für die Sitze hat der unbekannte französische Karussellbauer offenbar auch geleerte Dosen als Baumaterial benutzt. Man könnte dafür Teile von ovalen Fischdosen nehmen oder Milchdosen oder auch schlanke 425er Konserven. Die Wände der größeren Dosen werden auf einer Höhe von 3 cm durchgesägt (bei flachen Fischdosen erübrigt sich das), dann wird der Dosenstumpf geteilt: So bekommt man halbrunde Sitze mit Rückenlehne.

Die Figürchen werden aus 8 bis 10 cm langen Abschnitten von einem Gerätestiel (Besenstiel mit 28 mm Durchmesser), aus etwa 1 cm langen Abschnitten von einem 12 mm dicken Rundstab (den Halsstücken) und schließlich noch etwa 2 cm langen Stücken von einem 20 mm dicken Rundstab zusammengesetzt. Wer über eine Drechselvorrichtung verfügt (oder auch langwierige Handarbeit nicht scheut), kann die Figürchen natürlich auch in einem Stück aus dem dicken Rundstab anfertigen.

Die Teile für Rumpf, Hals und Kopf werden mit Schmelzkleber oder wasserfestem Leim zusammengefügt. Nach dem Aushärten des Klebers bzw. Leims werden die Schultern und die Köpfe gerundet sowie die Ansatzflächen für Arme und Beine abgeflacht. Diese Gliedmaßen werden aus 5 oder 6 mm dickem Sperrholz gesägt, jeweils in abgewinkelter Form. Die Arme können so angeklebt (und mit einem kleinen Nagel zusätzlich gesichert) werden, als würden die Hände auf den Oberschenkeln liegen oder nach den Drähten greifen, an denen die Sitze hängen.

Man kann sich die Mühe machen, jedem Figürchen eine andersartige Kleidung zu malen; man kann sich aber auch – wie im französischen Vorbild – damit begnügen, nur wenige Farben in einer eher schematischen Bemalung aufzubringen.

Anfertigung der Windtrichter

Die Ränder der Dosendeckel sollten entgratet werden, ehe man sie weiterverarbeitet. Dann wird ein Viertel des Kreises weggeschnitten; das übrigbleibende Stück wird zu einem Kegel geformt, dessen Naht verlötet oder mit Schmelzkleber zusammengefügt wird.

Hat man planes Tafelblech zur Verfügung, schneidet man daraus Kreise mit 12 cm Durchmesser, entfernt ebenfalls ein Kreisviertel und stellt die Kegel wie beschrieben fertig.

Ein Rad hat 36 Speichen: wenn man vor jeder dritten Speiche auf der Felge einen Windtrichter befestigen will, braucht man also 12 Stück, die mit Lot oder Schmelzkleber auf den beiden »Schultern« der Felge befestigt werden.

Karussell-Dekor

An dem schon etwas verwitterten französischen Beispiel sind noch Teile von Versatzstücken zu sehen, die am Rand des Karusselldachs montiert sind. Eine ähnliche Dekoration kann man am eigenen Karussell befestigen. Allerdings sollte man sich wie im Vorbild damit begnügen, eher nur den Felgenrand abzudecken und nur kleine schild- oder medaillonähnliche Kartuschen vorzusehen, damit diese Dekoration nicht zu viel Widerstand bietet. Für die Bemalung holt man sich auf dem nächsten Jahrmarkt Anregungen...

Auf der Radachse kann noch eine attraktive Spitze, zum Beispiel wie hier ein gedrechseltes Holzteil, montiert werden. An der Basis dieser Spitze bzw. über dem oberen Konus der Radachse sollte ein kreisrundes Blech mit etwa 5 cm Durchmesser befestigt werden, das leicht nach unten gewölbt oder abgeschrägt ist (mit einigen Hammerschlägen im Innern dieser Scheibe läßt sich diese Wölbung ganz einfach treiben): Dieses kleine Dach soll verhindern, daß Regen ins Nabeninnere laufen und dort Rost ansetzen kann.

Montage des Karussells

Ehe die Figürchen in die Sitze geklebt oder mit einem von unten durch das Blech ins Holz eingedrehten Schräubchen befestigt werden, sollte man in die Seiten der Sitze je zwei kleine Löcher schlagen. Für jeden Sitz braucht man dann zwei je etwa 35 cm lange Drähte (zum Beispiel ummantelter Blumendraht). Jeweils ein Ende der Drähte wird nahe der Felge mit mehreren Windungen an einer Speiche befestigt; das andere Ende wird von außen durch das vordere Loch in den Sitzen gesteckt, auf der Innenseite des Sitzes zum hinterem Loch und dort mit etwa 8 cm Länge wieder nach außen geführt. Man verzwirbelt dieses Drahtende etwa 5 cm über dem Sitz mit dem von oben herangeführten Draht so, daß die Sitzfläche waagerecht ist (und dann auch nicht kippen kann).

Die Hilfe eines Schlossers oder Installateurs wird noch gebraucht: an ein Ende der Achse muß noch eine Verlängerung geschweißt werden, damit das Karussell an einem Pfosten befestigt werden kann. Man kann sich auch damit begnügen, zwischen Konus-Kontermutter und normaler Achsmutter einen Schenkel eines Winkeleisens zu befestigen; der andere Schenkel des Winkeleisens wird dann an den Pfosten geschraubt.

Wagenrennen hart am Wind

In einem Garten eines kleinen amerikanischen Dorfes im Bundesstaat Washington, nahe der Grenze zu Kanada, steht dieses Windspiel, bei dem man zwar rätseln mag, ob hier ein Esel oder ein Pferd vor den Wagen gespannt und ins Rennen geschickt worden ist – dessen witzige Idee und handwerkliche Ausführung aber ohne jeden Zweifel beeindrucken.

Das Pferd, das man für einen Esel halten möchte, scheint wirklich zu traben, wenn die beiden Windräder – die zugleich die Räder des Wagens darstellen – sich drehen: zwei Fahrrad-Ketten setzen die beiden Tretlager unter dem Tier in Gang und bewegen die Beine, die auf den Pedalen befestigt sind. Aber nicht nur die Beine bewegen sich: Vom Tretlager unter den Hinterbeinen führt eine Pleuelstange zum Schwanz und läßt deren starren Teil samt den angehängten Bastbüschel auf und ab wippen. Vom Schwanz wiederum führt eine dünne Stange zu den Ohren, die sich

ebenfalls bewegen, und zwar synchron mit dem Schwanz. Nur der Wagenlenker bewegt sich nicht und verzieht keine Miene. Er steht, stilecht mit Zügel und erhobener Peitsche versehen, in einem schmalen Gestell, durch das auch die Achse für die beiden Windräder verläuft. Auch hier sind zwei ausgediente Räder von einem Fahrrad mit großen Windleitblechen bestückt worden. Anders als beim Radfahrer der vorhergehenden Seite sind die Räder hier – in Windrichtung gesehen – hintereinander angeordnet, und nur das eine Rad, nämlich das zur Rechten des Wagenlenkers, weist einen Zahnkranz auf, über den die Kette zum Zugtier läuft. Über einen zweiten Zahnkranz wird die Kette angetrieben, die zum vorderen Tretlager, unter den Vorderbeinen des Pferdes, führt. Das zweite Rad auf der linken Seite ist wie das rechte fest mit der Achse verbunden und verstärkt so indirekt den Antrieb für das Windspiel.

Dieses Windspiel ist zweifellos eine aufwendige Konstruktion, die auf einem starken Vierkantrohr als »Kiel« aufgebaut ist. An dieses Rohr ist vorn das Gestell angesetzt, auf dem das hohle Blechpferd montiert ist. Unter dem Vierkantrohr ist senkrecht ein rundes Rohr angeschraubt, das als Nabe fungiert und den Ausleger mit der Windfahne hält.

Bei einem solch kopflastigen Bauwerk müssen nicht nur ausreichend stark dimensionierte Materialien verwendet werden, das Standrohr mit der Achse muß in ein Fundament betoniert werden, das an Ort und Stelle, bündig mit dem Erdreich, in ein wenigstens 80 cm tiefes und 40 × 40 cm großes Loch gegossen wird. Benutzt man ein vorgefertigtes Fundament, muß zunächst ringsum ein Sand-Kies-Gemisch sehr fest in das Erdloch gestampft werden, ehe man die obersten 20 cm mit Erde und Rasensaat auffüllt. Ein Windspiel dieser Größenordnung – das so hoch montiert sein muß, daß die Windfahne deutlich über Kopfhöhe angeordnet ist – wirkt bei starkem Wind als ein mächtiger Hebel auf das Fundament. Ruht das Fundament nicht ausreichend fest und sicher in der Erde, wird das Windspiel bald schief stehen.

Radfahrer in Lebensgröße

In den USA sind Windspiele überaus beliebt und man kann in manchen Städten sogar in den »Gelben Seiten« Hinweise auf Hersteller von »whirligigs« finden. Oft sind es Rentner, die mit ihrer handwerklichen Begabung und ihrem Einfallsreichtum ein Zubrot verdienen – oder auch einfach ihren Spaß haben und auch anderen Freude machen wollen. In den Vorort-Siedlungen der Städte sind manche Gärten mit Windspielen geschmückt – aber nicht nur in den Gärten findet man zuweilen skurrile Objekte: Inzwischen werden whirligigs auch als Zimmerschmuck hergestellt, mit einem kleinen Ständer versehen und auf der Vitrine oder dem Kaminsims abgestellt. Diese Zimmer-Windspiele sind ungleich zierlicher gebaut als die fürs Freie gedachten Gebilde. Sie stellen oft Anspielungen auf Personen oder Ereignisse des öffentlichen Lebens dar, werden meist kunstvoll bemalt – und sind nur bedingt geeignet, sich auch mal unter echtem Wind zu bewegen.

Auch die whirligigs, die wirklich Wind und Wetter ausgesetzt werden, sind oft mit grandiosem Witz gestaltet und weisen nicht selten sehr komplizierte Mechaniken auf: Da ist nicht nur ein einziges Windrad als Antrieb installiert, sondern manchmal Propeller gleich in Reihe; da werden auch mehrere Figurengruppen in Bewegung gesetzt, auf daß das Windspiel im Vorgarten zum Blickfang wird, dem selbst Autofahrer mit einem kurzen Stop ihre Aufmerksamkeit zuwenden.

Ein solches Windspiel, an dem man eigentlich nur nachts achtlos vorbeifahren kann, war das auf den vorigen Seiten beschriebene »Wagenrennen«, und ein ebensolches zeigt das hier abgebildete Foto. Zu sehen ist ein blecherner biker, der auf Teilen eines echten Fahrrads sitzt – und der um so schneller strampelt, je stärker der Wind bläst.

Natürlich treibt der Radfahrer durch das Treten nicht die beiden Räder an, sondern er wird durch die mit großen Schaufeln versehenen Räder zum Strampeln veranlaßt. Das Tretlager und die Pedale sind sowohl mit dem Hinterrad als auch mit dem Vorderrad durch eine lange Kette verbunden; beide Windräder liefern damit genügend Energie, um den Radfahrer ordentlich in Bewegung zu halten.

Eine exakte Bauanleitung soll hier auch für dieses Meisterwerk nicht gegeben werden. Geschickte Bastler und Heimwerker werden wohl auch aus den folgenden Informationen so viel entnehmen können, daß es ihnen gelingen müßte, ein ähnliches Windspiel zu bauen.

Das Windspiel ist aufgebaut auf einem echten Fahrrad-Rahmen mit Lenker, Sattel und Tretlager. Von dem alten Fahrrad mußte allerdings der originale Hinterrahmen abgetrennt und durch eine neue, viel längere und auch breitere Halterung für das Hinterrad ersetzt werden – so wie auch die Vorderrad-Gabel durch eine starr montierte größere Gabel ersetzt worden ist. Der Grund: An die beiden Räder sind Windleitbleche montiert worden, die den Umfang der Räder deutlich vergrößern und natürlich auch seitlich mehr Platz beanspruchen als ein normal bereiftes Rad.

Als Windleitbleche sind Abschnitte von Regenrinnen aus verzinktem Blech verwendet worden. Die Befestigungspunkte liegen neben deren Längsachse, so daß die halbrunden Bleche den seitlich auftreffenden Wind in Drehbewegung der Räder umsetzen können. Dabei handelt es sich natürlich um zwei ausgediente Hinterräder mit gleich großen Zahnkränzen.

Über diese beiden Zahnkränze läuft eine einzige Kette. Sie wird von einem hinter dem Sattelrohr montierten Zahnkranz auf den Tretlager-Zahnkranz gedrückt. Damit die Kette (und somit der Radfahrer selbst) von den Rädern angetrieben wird, müssen die Zahnkränze an die beiden Radnaben geschweißt werden, d. h. der Leerlauf in den beiden Rädern muß ausgeschaltet, die Zahnkränze zum Mitdrehen gezwungen werden.

Erst wenn dieser Antrieb einwandfrei funktioniert, kann mit dem Aufbau des Radfahrers begonnen werden. Alle Teile des abgebildeten Objekts bestehen aus Blech. Rumpf und Arme sind starr miteinander verbunden, die Hände sind nur durch den helleren Anstrich gekennzeichnet – und fest mit dem Lenker verbunden. Die beiden Ober- und Unterschenkel müssen dagegen gelenkig montiert werden. Und es muß mit selbstschmierendem Kunststoff-Beilegscheiben in den Gelenken für geräuschlosen Lauf gesorgt werden, denn sonst bewegt sich die Figur bald nur noch quietschend und knarrend – und wird zu einem Ärgernis in der gesamten Nachbarschaft.

Die Figur ist auf den Sattel geschraubt, auch die Schuhe sind mit je einer Schloßschraube an den Pedalen fixiert.

Die Windfahne

Damit das Objekt auch immer richtig zum Wind steht, ist es mit einer sehr großen und dadurch sehr wirksamen Windfahne ausgestattet. Unterhalb des Tretlagers ist an den Rahmen senkrecht ein Rohr angeschweißt, an das waagerecht im rechten Winkel zur Längsachse des Fahrrads ein langes Rohr angeschweißt ist. Am Ende dieses Rohrs ist ein großes, auffällig bemaltes Blech als Windfahne befestigt.

Das senkrechte Rohr unter dem Tretlager ist zugleich die »Nabe«, mit der sich das ganze Windspiel auf der Achse drehen kann.

Wetterfahnen

Schon die alten Römer . . . aber nicht nur die: Die Sumerer im antiken Mesopotamien sollen bereits um 2000 v. Chr. Wetterfahnen gekannt und zur Wettervoraussage genutzt haben. Die Chinesen dürfen nicht fehlen, wenn auf die Frühzeit dieses Geräts verwiesen wird: auf das zweite Jahrhundert vor unserer Zeitrechnung datieren Fachleute die ersten schriftlichen Hinweise auf chinesische Wetterfahnen.

Die Griechen haben Wetterfahnen gekannt: auf dem heute noch erhaltenen »Turm der Winde« in Athen, unterhalb der Akropolis, den um 50 v. Chr. Andronikus aus Kyrrhos erbaut hat, drehte sich die Triton-Wetterfahne in Form des Meerdämons Triton, der einen Fisch-Unterleib hatte und mit einem Stab in die Richtung wies, aus der der Wind wehte.

Ein bis zwei Jahrzehnte später läßt sich der römische Kaiser Varro auf seinem Landgut einen Windzeiger installieren, der mit einem Zeiger im Innern des Hauses verbunden war und so über die Windrichtung Auskunft gab, ohne daß der Caesar aus dem Fenster blicken (lassen) mußte.

Wikinger haben auf ihren Schiffen Wetterfahnen montiert, die aus festem Material bestanden. Das Wort Wetterfahne deutet ja eigentlich auf etwas Textiles hin: auf Wimpel oder viereckige Stoffstücke, die im Wind flattern und so anzeigen, ob und woher der Wind weht. Allerdings nicht immer ganz zuverlässig, vor allem dann nicht, wenn es sich um kleinere Wimpel handelt (die allmählich auch noch ausfransen und immer kleiner werden). Da mußte irgendwann ein kluger Wikinger auf die Idee gekommen sein, statt eines Stücks Stoff ein Stück Blech oder eine dünne Holzschindel einzusetzen – und er oder einer seiner Kollegen muß sich dazu auch Gedanken darüber gemacht und wohl auch eine Lösung gefunden haben, wie diese Fahne drehbar montiert werden kann.

Es muß Vermutung bleiben, wann Menschen erkannt haben, daß sich aus der Windrichtung Schlüsse auf das kommende Wetter ziehen lassen. Es ist deshalb auch nicht eindeutig auszumachen, ab wann Windfahnen wirklich zur Wettervorhersage eingesetzt worden sind – und somit auch die Bezeichnung Wetterfahne eingeführt worden ist. Die Wimpel und Wetterfahnen aus Blech auf Schiffen haben sicher vor allem den Zweck gehabt, dem Schiffsführer und seinem Steuermann anzuzeigen, wie sie die Segel zu setzen und das Schiff zu steuern haben, um den Wind optimal zum Erreichen des Ziels nutzen zu können. Unbestritten ist wohl auch, daß die Wimpel an den Lanzen römischer Legionäre oder die schon in der Antike erfundene Äolsharfe eher schmückende und ästhetische, denn praktische meteorologische Bedeutung gehabt haben (wobei die Lanzenwimpel sicher insofern wichtig waren, als sie im Kampfgetümmel halfen, Freund und Feind zu unterscheiden).

Es scheint wohl so, daß blecherne Fahnen an Turmspitzen über Kirchen, Burgen und Herrensitzen in vielen Fällen als Standeszeichen oder als Dekor anzusehen

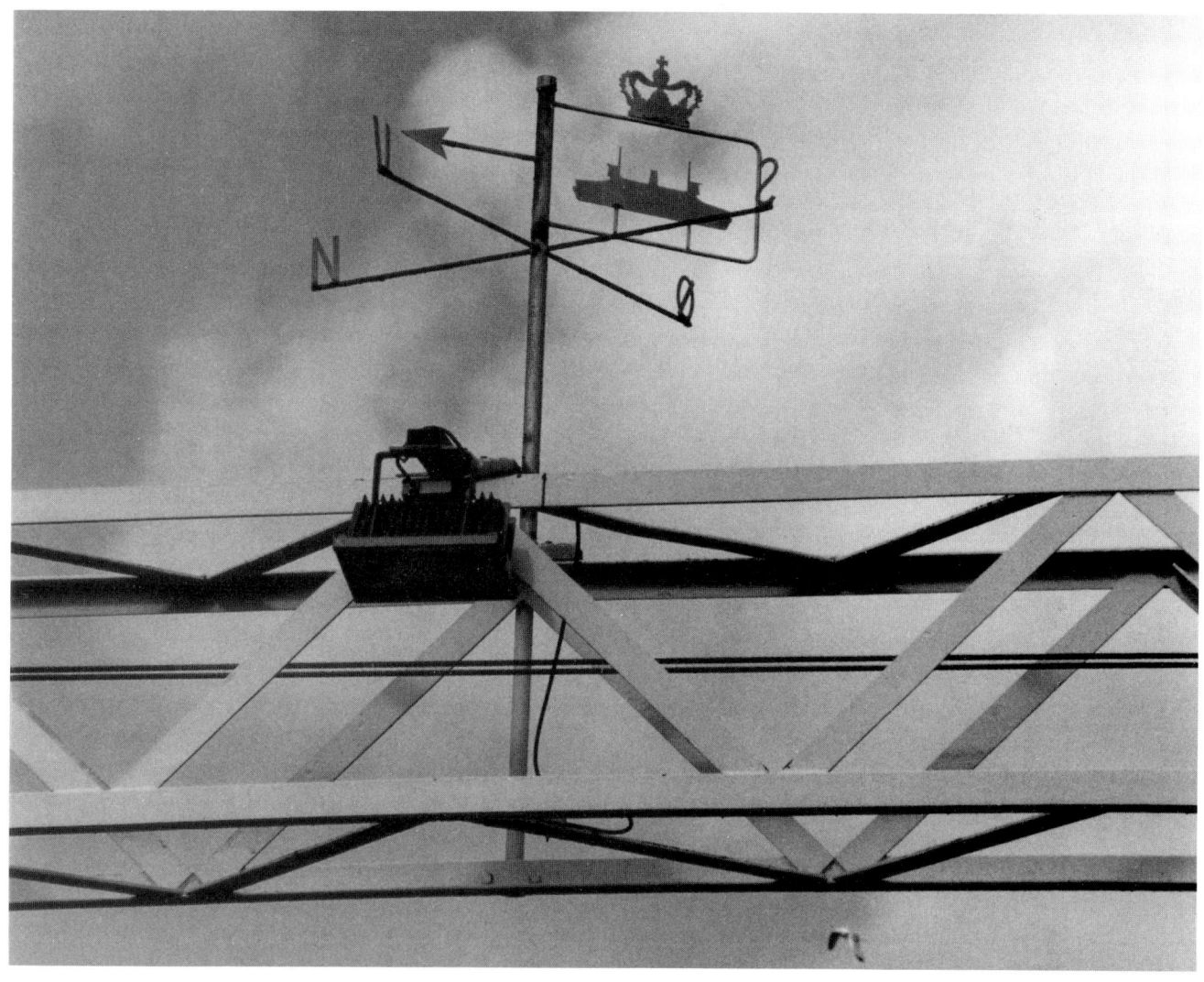

sind und nicht so sehr dazu dienten, der Gemeinde oder dem Personal der Burg Aufschluß über die Wetterentwicklung zu geben. Jedenfalls spricht die oft sehr prächtige Ausstattung mit Wappen und Monogrammen dafür, daß die Wetterfahnen auch ein Statussymbol waren. Im Frankreich des 12. Jahrhunderts jedenfalls waren Windfahnen ausdrücklich ein Privileg des Adels.

Eine frühe Form der figürlich gestalteten Wetter»fahne« ist der Wetterhahn, über den es erste Hinweise im zweiten Jahrhundert gibt. Als ältestes noch erhaltenes Beispiel gilt ein Hahn aus dem Jahr 820, der eine Turmspitze in Brescia gekrönt hat und heute im dortigen städtischen Museum zu sehen ist. Eine Inschrift verrät, daß der Bischof Rampertus von Brescia im Jahr 820 den Auftrag gegeben hat, diesen Hahn anzufertigen. Dieser Hahn war drehbar montiert, andere Hähne aus jener und späterer Zeit waren fest angebracht, taugten also nicht als Wind- und Wetteranzeiger. Sie hatten ausschließlich symbolische Bedeutung: Sie sollten – abschreckend – an den Verrat des Apostels Petrus erinnern (»Noch ehe der Hahn krähen wird, wirst du mich in dieser Nacht dreimal verleugnen«), sie kündeten den neuen Tag und galten damit als ein Zeichen der Wachsamkeit (auch im übertragenen, religiösen Sinn).

Zu den Hähnen gesellten sich später, immer noch in der Frühzeit der Wetterfahne, auch andere Motive. Neben dem Hahn zeigten sich Schwan und Adler, man sieht – auch heute noch – die Madonna oder Heiligenfiguren als Windanzeiger. Allen voran der Erzengel Michael, ein besonders beliebter Schutzpatron, daneben St. Florian (der zudem das Haus vor Blitzeinschlag und Brand bewahren sollte).

Nach der Reformation wurden die nichtkatholischen Kirchen auch mit anderen Figuren gekrönt. Ein Spruch aus dem Ostfriesischen sagt es an:

> De katholschen hebbt 'n Hohn
> Der Lutherschen hebbt 'n Schwoon
> De Reformeerten hebbt 'n Schipp
> Do fort wi alle mit!

Hähne, Schwäne und Schiffe sind im windreichen Norden tatsächlich lange Zeit die am meisten favorisierten Motive gewesen; Schiffe, d. h. Segelschiffe könnte man heute als ein besonders hoch geschätztes Motiv in den Städten Norddeutschlands bezeichnen – wobei im Sinn des ostfriesischen Spruchs kaum auf die Religionszugehörigkeit des Hausbesitzers geschlossen werden kann.

In Nordamerika, wo sich eine eigenständige »Wetterfahnen-Tradition« erst im 18. Jahrhundert entwickelt hat, sind es ganz andere figürliche Darstellungen gewesen, die von den Handwerkern immer wieder angeboten worden sind. Der trompeteblasende Erzengel Gabriel gehört dazu, ebenso die Figur des »St. Tammany«, ein legendärer Indianerhäuptling, der als aufrechtstehende Figur mit Pfeil und Bogen dargestellt wird. Mit der industriellen Serienfertigung ab Ende des 19. Jahrhunderts tauchen noch ganz andere, sehr profane und ganz kurios anmutende Motive auf: trabende Pferde, Feuerwehrwagen, Lokomotiven, Raddampfer, die Freiheitsstatue oder springende Hirsche.

Wer sich heute in den küstennahen Regionen, auch in den Nachbarländern, nach Wetterfahnen umsieht, wird auf den Firsten von Bauernhöfen und Scheunen viele, ebenfalls auf Serienfertigung hinweisende Kühe und Pferde sehen, Motive mit ganz deutlichem Bezug zur Profession des Hofbesitzers.

Die einfache Fahnen- oder Wimpelform ist ebenfalls noch häufig anzutreffen. In die Fläche ist entweder eine Jahreszahl eingeschnitten, oder man kann die Initialen des Erstbesitzers lesen. Ludwig Richter, der wohl beliebteste Künstler der deutschen Romantik, ziert in zahlreichen Holzschnitten Dächer und Türme mit solchen Wetterfahnen.

Für uns heute hat die Wetterfahne als Hilfsgerät zur Wettervorhersage natürlich keine Bedeutung mehr; über die Wetterentwicklung lassen wir uns durch Zeitung, Rundfunk und Fernsehen informieren. Gleichwohl sieht man wieder und immer mehr Wetterfahnen auf Dächern und Erkertürmchen.

Das hat sicher mit nostalgischem Schmuckbedürfnis zu tun: wo Bauvorschriften, mangelnde Einfälle der Architekten oder Baugesellschaften vielerorts Uniformität hervorbringen, kann eine Windfahne über dem Dach das eigene Haus weithin kennzeichnen und mit einem individuellen Signal versehen, an dem natürlich auch Nachbarn und Passanten ihre Freude haben können, vorausgesetzt, sie stören sich nicht an den auftretenden Windgeräuschen ...

Zur Befestigung

Wenn eine Windfahne eine einigermaßen zuverlässige Auskunft über die vorherrschende Windrichtung bieten soll, dann muß sie so angebracht sein, daß sie nicht zu sehr von Luftwirbeln beeinflußt wird, die zum Beispiel in der Nähe von größeren Gewächsen im Garten (vor allem in geringer Höhe über dem Boden) oder bei und in Hausecken auftreten. Vor allem sollte man keinen Standort auswählen, an dem die Windfahne sich zuweilen völlig im Windschatten des Hauses oder eines anderen Gebäudes befindet.

Auf dem Dachfirst des Hauses oder eines höheren Nebengebäudes ist die Wetterfahne deshalb oft am besten plaziert. Dort hat sie ausreichend Abstand zu den in Bodennähe auftretenden Luftturbulenzen, dort ist sie gleichmäßigerer Windbewegung ausgesetzt – oder dort ist sie in der Regel weithin sichtbar (nur wer sich im Haus selbst aufhält, wird sie nicht sehen können).

Der gleichmäßige Wind dort oben ist zugleich aber auch eine stärkere Luftbewegung als die in Bodennähe. Eine ausreichend stabile und damit auch sichere Befestigung der Wetterfahne bzw. des Haltemastes mit der Drehachse ist deshalb dort besonders wichtig (während eine eher nur aus Zierde inmitten der Gartengewächse aufgestellte Wetterfahne, zwar nicht immer ganz zuverlässig die Windrichtung anzeigend, auch mit einer einfacheren Befestigung auskommt).

Auf Materialeigenschaften wurde eingangs dieses Buches hingewiesen. Je exponierter die Wetterfahne installiert werden soll, desto größeres Augenmerk sollte darauf gerichtet werden, daß wetterbeständiges Material verwendet wird und daß es in ausreichend stabiler Qualität gewählt wird. Wind kann starke Kräfte entwickeln und eine zu dünn geratene Wetterfahne auch schon mal verbiegen, so daß man bald nicht mehr weiß, wohin sie eigentlich ausgerichtet ist. Es ist in jedem Fall auch ein Korrosionsschutz in Form eines mehrschichtigen, sorgfältig aufgebrachten Anstrichs sinnvoll und notwendig. Man will ja nicht jedes Jahr aufs Hausdach klettern und prüfen, ob der Anstrich noch gut erhalten ist, und will auch nicht jedes Jahr einen Erneuerungsanstrich auftragen.

An alten Kirchturmhähnen sind Verstärkungen in Form aufgenieteter Stahlbänder zu sehen – aber erst, wenn man eine solche Wetterfahne aus der Nähe betrachtet. Auch die eigene, fürs deutlich niedrigere Hausdach vorgesehene Wetterfahne verträgt solche Armierung, die bei einem dunklen Anstrich schon auf die kurze Entfernung zwischen Boden und Dachfirst nicht mehr zu sehen ist.

84

Windzeiger

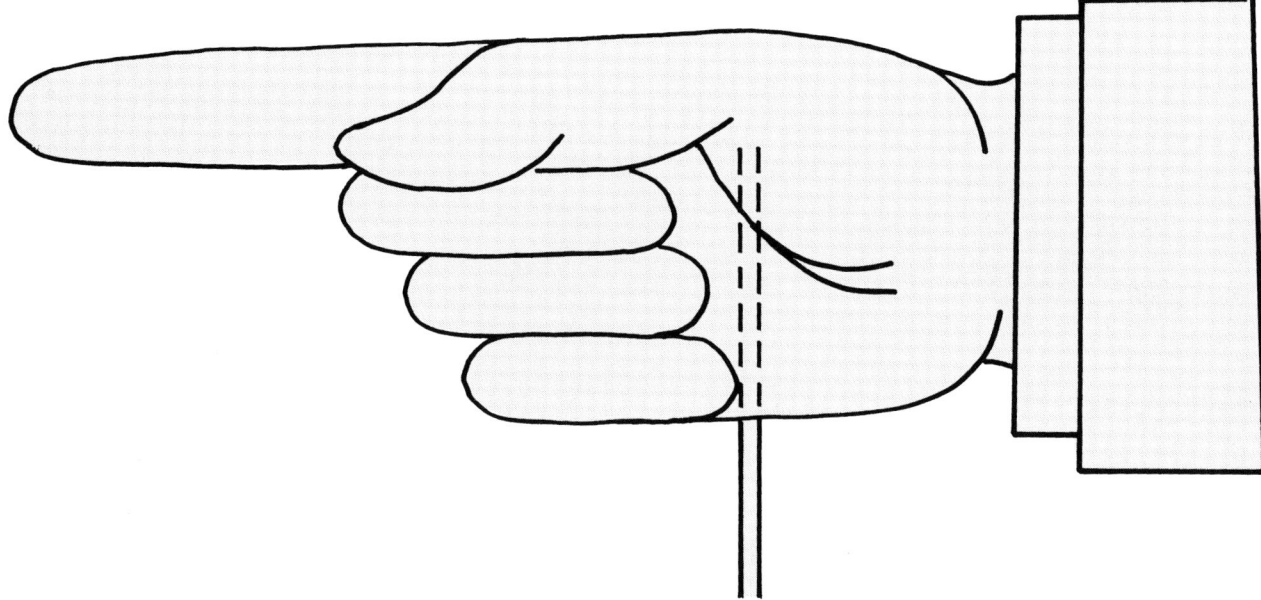

Wer in eine bestimmte Richtung zeigt, tut dies in der Regel mit ausgestrecktem Zeigefinger: Was liegt näher, als für eine Windfahne das Motiv der Hand mit vorgestrecktem Zeigefinger zu verwenden, um sich anzeigen zu lassen, woher der Wind weht. Man sieht solche Windzeiger dennoch nicht eben häufig, das hier vorgestellte Beispiel gibt die Anregung, neben Hähnen, Schwänen und Schiffen doch auch die Hand als Wetterfahnen-Motiv einzusetzen.

Wie bei allen Wetterfahnen sollte die Größe der Hand davon abhängig gemacht werden, wie groß der übliche Abstand zum Betrachter ist: wie hoch die Wetterfahne also montiert ist und wie deutlich man sie sehen will. Soll die Wetterhand im Garten aufgestellt werden, genügt eine Länge von 50 cm über alles; will man sie auf dem First des Hauses montieren, wird eine Hand mit einer Länge von wenigstens 70 cm ein markanter Windanzeiger sein. Entsprechend sind Material und Materialstärke zu wählen:

Eine Hand für den Garten kann auch aus 6 mm dickem, wasserfest verleimtem Sperrholz angefertigt werden, eine Hand fürs Dach muß aus wenigstens 3 mm dickem Blech bestehen, damit sie nicht schon nach kurzer Zeit völlig verbogen ist.

Die hier gezeigte Hand ist zur Aufstellung im Garten gedacht, also aus Sperrholz gefertigt. Wer sie nachbauen will, vergrößert die Umrißzeichnung entsprechend und überträgt dann mit Kohlepapier die Fotokopie auf das Sperrholz. Das Holz wird ausgesägt; wird dazu eine elektrische Stichsäge benutzt, sollte ein feinzahniges Sägeblatt eingesetzt werden: dann splittert das Holz an der Schnittkante nicht so stark aus. Die Schnittkante wird mit Feile und Schleifpapier nachbearbeitet und

geglättet, dann wird eine Nabe aus dünnem Aluminiumrohr befestigt. Sie kann mit Zweikomponentenkleber montiert werden; etwas dauerhafter und deshalb sicherer ist die Montage mit Hilfe der Klemmbügel aus zwei kleinen Seilklemmen. Die Nabe ist im vorderen Bereich der Hand anzubringen, so daß die größere Fläche des Windzeigers in Lee, hinter der Achse, liegt.

Die obere Öffnung des Nabenrohrs wird mit einem aufgeklebten Deckel wasserdicht verschlossen, dann kann man sich an die Bemalung der Hand machen. Zunächst ist eine Grundfarbe aufzutragen, sind Hemdmanschette und Jackenärmel voneinander abzusetzen. Dann werden die Umrisse der Finger und des Handballens mit markanten schwarzen Linien aufgemalt. Daß dabei die Hand mit zwei Innenflächen versehen wird, stimmt zwar mit der Anatomie nicht überein, sieht aber sicher besser aus, als wenn auf der einen Fläche, der Handoberseite, gar keine Binnenbemalung angebracht wird.

Die Achse, passend zum Innendurchmesser der Nabe, wird in die Bohrung auf einem Holzstab gesteckt. Da ein leichter Korrosionsansatz auf der Achse bzw. im Nabenrohr die Drehung der Hand im Lauf der Zeit etwas behindern kann, sollte die Hand gelegentlich von der Achse gezogen, die Achse gereinigt und leicht eingefettet werden. Es schadet auch nicht, den unteren Teil der Achse zu fetten, so daß sie sich auch im Pfostenloch drehen kann. Und um zu verhindern, daß auch in dieses Loch Wasser eindringen kann, sollte man auf die Achse eine Gummischeibe stecken, die wie ein Deckel über der Pfostenoberseite wirkt.

Drachen im Wind

Viele Windfahnen-Motive, wie etwa Hähne oder Schwäne, wie Engel oder trabende Pferde haben eigentlich keinen direkten Bezug zum Wind. Anders ist es mit den Schiffen, die man in vielerlei Formen in meernahen Regionen vorfindet: Sie werden ja meistens als Segelschiffe dargestellt, und die brauchen den Wind so nötig wie kein anderes Fahrzeug. Ein ebenfalls ganz eng mit dem Phänomen Wind verbundenes Motiv ziert diese Wetterfahne – auf der ganz gegen reale Gegebenheiten der Drachen auch bei Windstille am Himmel bleibt.

Das Bildmotiv des Drachen wird hier in einer sehr zierlichen und besonders raffinierten Konstruktion vorgestellt. Während man sonst bei Wetterfahnen ein flächiges, parallel zur Windrichtung sich ausrichtendes Motiv sieht, ist der Drachen quer zur Längsachse der Wetterfahne gestellt. Wie ein richtiger Fesseldrachen bietet er sich also als Druckfläche an, die weit hinter dem Drehpunkt der Wetterfahne angeordnet ist. Das bewirkt, daß die Fahne trotz der kleinen Fläche eine relative hohe Trägkeit aufweist und dadurch eine recht zuverlässige Windanzeige darstellt.

Der Drachen und die den Drachen haltende Figur sowie die auf den Drachenschwanz gelöteten Flatterelemente bestehen aus Blech. Der Drachen hat die einfache Form des sogenannten Eddy-Drachen und ist, wie das 1900 patentierte Original, um die Längsachse leicht nach hinten gewinkelt, so daß der Wind gleichmäßig nach beiden Seiten abgeleitet wird.

Die Basis, ein 3 mm dicker Draht, schwingt sich als Drachenschwanz in die Höhe, bildet also den eigentlichen Halt für den Drachen. Dieser Draht wird im Rücken der Figur auf eine Länge von etwa 10 cm rechtwinklig nach oben gebogen und an die Nabe gelötet. An die Figur mit windzerzaustem Haar ist das eine Ende der aus dünnerem Draht bestehenden Flugleine, an den Drachen ist das andere Ende des Drahtes gelötet.

Das ergibt also eine recht zierlich wirkende Wetterfahne, die gleichwohl in Luv ein Gegengewicht braucht. Es besteht aus zwei trapezförmigen Blechen, die mit der Basis so an die Nabe gelötet sind, daß sie in Verlängerung der Figur und Drahtbasis angeordnet sind und dadurch als Windfahne funktionieren.

Als Nabe dient ein etwa 20 cm langes Rohr, auf dessen obere Öffnung ein passender Deckel gelötet werden sollte, damit die Achse ein Widerlager hat und damit kein Wasser eindringen kann. Als Deckel kann zum Beispiel der Kopf einer Schraube dienen, den man vom Schaft getrennt hat. Unter diesen Deckel und auf das obere Ende der Achse wird nachher eine passende Stahl- oder Glaskugel gelegt, zur Minderung der Reibung zwischen Achse und Nabe.

Das ganze Objekt kann eine naturalistische Bemalung bekommen, das heißt, man kann die Figur mit Gesicht und Kleidung ausstatten, die Schwanzschlaufen wie den Drachen bunt ausmalen. Man kann aber auch, wie es bei dem gezeigten Modell

geschehen ist, alles schwarz lackieren, so daß es sich vor dem hellen Hintergrund des Himmels wie ein Schattenriß abhebt. Als schwarzer Anstrich kann dabei sogar schwarze Rostschutzfarbe genügen, die man zwei- oder dreimal aufträgt. Diese Farbe trocknet matt auf; man kann das Objekt anschließend noch mit glänzendem farblosem Lack behandeln.

Formen für Wetterhähne

Auf diesen und den nächsten Seiten sind einige traditionelle, dazu einige »moderne« Umrisse von Hähnen zu sehen, die den Lesern zur freien Verfügung stehen. Wer will, kann die Zeichnungen mit Hilfe eines Fotokopierers auf die gewünschte Größe bringen, um nach der vergrößerten Darstellung einen Wetterhahn fürs eigene Haus anfertigen zu können. Dazu müßte, wie schon an anderer Stelle erwähnt, die Vergrößerung mit Hilfe von Kohlepapier auf eine Platte wetterfest verleimten Sperrholz abgepaust werden. Oder man müßte den Umriß ausschneiden und dann mit einer Reißnadel auf Blech übertragen.

Je nach der gewünschten Größe des Wetterhahns wird dazu ein 2 oder gar 3 mm dickes Blech erforderlich sein: Für den Hahn im Garten, der zwischen 2 und 3 m Höhe montiert ist, genügt das dünnere Blech. Soll der Hahn aber auf dem Hausdach montiert werden, empfiehlt es sich, ein 3 mm dickes Blech zu wählen. Das kann verzinktes Eisenblech sein; man kann aber auch Kupferblech wählen, das man unbehandelt verwendet.

Die Form wird mit einer elektrischen Stichsäge ausgesägt, Unebenheiten an der Schnittkante werden mit Feile und Schleifleinen geglättet.

Als Achse dient 6,5 mm starker Rundstahl, der an einem Pfosten montiert wird. Auch hier wiederum ist eine passende Stahl- oder Glaskugel in die Nabe einzuführen, damit der Hahn sich fast reibungslos auf der Achse drehen kann. Und selbstverständlich ist es auch hier wichtig, daß die Achse absolut senkrecht steht, damit der Hahn sich frei nach allen Seiten drehen kann und nicht nur immer in die Richtung zurückfällt, nach der sich die Achse neigt.

Als »Nabe« wählt man ein Aluminiumrohr mit außen 10, innen 7 mm Durchmesser, in das auf eine Länge von 20 bis 40 cm (je nach der Größe des Hahns) ein Schlitz gesägt wird, so daß der Blechhahn aufgesteckt mit zwei, drei Schrauben und Muttern befestigt werden kann. Da in ein oben offenes Rohr Wasser und Schmutz eindringen kann, muß das Rohr geschlossen werden. Das kann dadurch geschehen, daß auf die beiden Rohrhälften rechts und links vom Hahn passend geschnittene Blechstückchen gelötet werden; das kann man aber auch dadurch erreichen, daß man die Rohrenden mit »flüssigem Metall« schließt, einer teigigen Masse aus Metallpulver und Klebstoff, die auf das Rohr geknetet werden kann.

Schon im Lauf weniger Wochen und Monate wird das Kupferblech Patina ansetzen, sich bronzen und dann grün verfärben. Die Patina ist dann ein sehr viel besserer Schutz als jeder Anstrich. Unter der Patina korrodiert das Kupfer dann nämlich nicht mehr, während ein noch so sorgfältig aufgebrachter farbloser Lack irgendwann schadhaft wird – und dann patiniert das Kupfer ebenfalls.

Verzinktes Eisenblech ist nur an seiner Oberfläche geschützt. Weil an den Schnittkanten kein Schutz mehr vorhanden ist, muß es also behandelt werden, damit es nicht von hier aus zu rosten beginnt. Man sollte dazu auf jeden Fall erst

einmal eine Rostschutzfarbe auftragen. Die meist schwarze Farbe kann in zwei Schichten schon die einzige Behandlung sein: ein schwarzer Hahn ist zum einen nicht unüblich, zum andern hebt er sich besonders gut gegen den Himmel als Hintergrund ab. Man kann dem Hahn aber auch etwas mehr Farbe gönnen. Also zum Beispiel Kamm und Beine rot lackieren; oder den Hahn nach dem Auftragen der Rostschutzfarbe noch zweimal mit Goldlack lackieren.

Die Vorlage für den im Foto oben abgebildeten Hahn ist auf Seite 97 zu finden.

Formen für Wetterfahnen

Wer Wetterfahnen auf Türmen und Dächern aufmerksam beobachtet, wird nicht überrascht sein, festzustellen, daß sie vielfältige Formen aufweisen. Sie sind aus dem Stilempfinden ihrer Entstehungszeit geformt. Und so können sie so verschiedenartig wie die Türme oder die Häuser selbst sein, die sie krönen. Nicht selten bilden sie stilistisch einen deutlichen Gegensatz zum Unterbau: Dann darf darauf geschlossen werden, daß es sich um die spätere Rekonstruktion einer vielleicht beschädigten oder aus anderem Grund demontierten Wetterfahne handelt.

Bei aller künstlerischen Freiheit, die sich ein Ludwig Richter in seinen zahlreichen Illustrationen genommen hat: die kleine Auswahl von Wetterfahnen aus seinen Bildern, die hier zu finden ist, wird wohl auch einiges dokumentarisch genau wiedergeben. Wer will, kann daraus das eine oder andere Motiv für seine eigene neue Wetterfahne finden...

Interessant bei den alten Fahnen sind nun aber nicht nur die Formen, die Umrisse also: Vielfalt zeigt sich auch in der Gestaltung der Fahnenfläche. Da ist im einfachsten Fall ein kleines Kreuz in die Fläche geschnitten; bei den meisten Wetterfahnen ist das Entstehungsjahr zu sehen. Nicht selten sind die Initialen des Besitzers in die Fläche geschnitten, zuweilen in Verbindung mit dem Datum der Anfertigung. Auch Wappen sind zu finden (bei Wetterfahnen über herrschaftlichen Anwesen oder auf Rathaus-Türmen).

Wer bei der eigenen Wetterfahne solchen traditionellen Auszierungen folgt und etwa den Familiennamen (oder nur die Anfangsbuchstaben) der Hausbesitzer und eine Jahreszahl in die Fahne aufnehmen will, hat natürlich viele Gestaltungsmöglichkeiten für die Lettern und Ziffern wie auch für die attraktive Verknüpfung beider Elemente. Und es gibt darüber hinaus die Möglichkeit, die Beschriftung nicht nur aus der Fläche auszuschneiden, also negativ sichtbar zu machen (hell leuchtend vor dem in der Regel dunklen Hintergrund der Fahnenfläche): Nicht minder attraktiv ist es, die Beschriftung positiv darzustellen. In diesem Fall werden Lettern und Ziffern so groß gemacht, daß sie an die waagerechten Begrenzungen der Fahne anstoßen. Die Fläche rings um die Beschriftung wird weggeschnitten: Schrift und Ränder der Fläche bilden die Wetterfahne. Eine solche Lösung verlangt hohe stilistische Sicherheit, damit die Breite der Lettern und Ziffern und die Verknüpfung aller Schriftelemente ein harmonisches Bild ergibt, nicht zu massiv, nicht zu mager. Bei einer Beschriftung, die aus der Fläche ausgeschnitten wird, wirken Ziffern und Lettern durch Überstrahlung immer etwas größer, als sie in Wirklichkeit sind; hier können (oder müssen) größere Abstände zwischen den einzelnen Elementen der Beschriftung eingehalten werden, und es können auch einfachere Schrifttypen sein.

Damit der Kontrast zwischen Fahnenfläche und Dekor möglichst auffällig wird, ist die Fahne dunkel zu halten. Es genügt also auch hier, das Blech mit schwarzer Rostschutzfarbe zu streichen.

Freie Motive für den Eigenbau

Die wohl ergiebigste Zeit für neue Wetterfahnen-Motive waren die letzten Jahrzehnte des 19. Jahrhunderts und die Zeit nach der Jahrhundertwende. Zum einen war damals eine rege Bautätigkeit in den Städten in Gang gekommen: die alten »Gängeviertel« mit den meist armseligen Häusern wichen großzügigerer Bebauung mit komfortableren Häusern und breiteren Straßen. Man schmückte nicht nur die neuen Fassaden mit allerlei pomphaftem Stuck, sondern setzte den Dächern vielfach auch Wetterfahnen auf. Dem kam entgegen, daß die Wetterfahnen nicht mehr ausschließlich in Handarbeit gefertigt werden mußten, sondern es konnten viele Teile in größeren Serien industriell hergestellt werden. Und da die verstärkte Nachfrage einerseits, die besseren technischen Möglichkeiten andererseits zu einem größeren Angebot führten, ließen sich die Hersteller auch viele neue Motive zu den altbewährten Hähnen, Schwänen und Schiffen einfallen (die sie nach wie vor, aber in verbesserter Ausführung und »modernen« Varianten, in ihren Katalogen führten).

Viele von diesen Wetterfahnen mit zuweilen sehr kuriosen Motiven sind längst mit der Zeit gegangen, Wetter und Kriege haben ihnen zugesetzt: auf Privathäusern sieht man selten noch alte Wetterfahnen, lediglich die Hähne und Fahnen auf Kirchtürmen oder auf anderen öffentlichen Gebäuden erfreuen sich regelmäßiger, kostspieliger Pflege und zeigen noch etwas von der alten Wetterfahnen-Kultur.

Seit einigen Jahren kann man so etwas wie eine Renaissance der Wetterfahnen beobachten. Nicht von ungefähr kommt es deshalb zu diesem Buch, das mit seinen Beispielen Anregungen und Vorlagen liefern will. Wie man es schon beobachten kann, werden heute vielfach sehr persönliche Motive für die eigene Wetterfahne gewählt, der alte »Dreiklang« Hahn-Schiff-Schwan gilt heute erst recht nicht mehr.

Auf den folgenden Seiten sind deshalb weitere Umrißzeichnungen von Wetterfahnen zu sehen, die von alten Beispielen abgenommen oder neuere Entwürfe sind. Sie können vom Leser für selbstgebaute Wetterfahnen verwendet werden. Sie können natürlich auch lediglich als Anstoß benutzt werden, das eine oder andere Motiv nun weiterzuentwickeln, um der Wetterfahne auf dem eigenen Dach eine ganz individuelle, unverwechselbare Gestalt zu geben. Ist die Wetterfahne doch auch so etwas wie ein Erkennungszeichen, mit dem sich das Haus weithin sichtbar bemerkbar macht.

Die Zeichnungen werden am einfachsten mit Hilfe eines Fotokopierers auf die gewünschte Größe gebracht. Dabei sind wenigstens drei Kopiervorgänge nötig, um das notwendige Maß zu erreichen. Beim ersten Mal kopiert man die Vorlagen mit der maximal möglichen Vergrößerung (in der Regel um die 140 Prozent): die etwa 17 cm breite Vorlage wird dann knapp 24 cm breit. Danach muß die Kopie noch einmal um diesen Faktor auf DIN A 3-Papier vergrößert werden. Das erbringt erst eine Länge von etwa 34 cm – und das ist auch für eine »Garten-Wetterfahne« noch zu wenig. Also ist wenigstens noch einmal, eher wohl noch zweimal zu kopieren –

wobei dann das Motiv nur stückweise erfaßt und kopiert werden kann. Die einzelnen Blätter müssen dann zum vollständigen Bildmotiv zusammengesetzt werden, das anschließend mit Hilfe von Kohlepapier (oder mit Hilfe dichter, mit weichem Bleistift angelegter Schraffur auf der Rückseite der Linien) auf das Material übertragen wird.

Wer einige Übung im Zeichnen hat, kann die Motive natürlich auch frei in der gewünschten Größe nachzeichnen oder die Vergrößerung mit Rasterlinien bewerkstelligen. Dazu wird zunächst einmal das gewählte Motiv im Buch oder auf einer 1:1-Fotokopie mit waagerechten und senkrechten Linien in Abständen von zum Beispiel 2 cm überzeichnet. Auf einem ausreichend großen Papierbogen wird die gewünschte Breite (oder Höhe) der Wetterfahne angezeichnet und mit gleich vielen Rasterlinien wie in der Vorlage unterteilt. Diese Rasterlinien haben nun aber den vier- oder fünffachen Abstand wie auf der Vorlage. In die einzelnen Felder des vergrößerten Rasters werden dann die Inhalte des Vorlagerasters übertragen und in freier Zeichnung ins Reine gebracht.

Bei diesen Vergrößerungen werden die Naben sehr groß ausfallen. Diese Maße sind natürlich übertrieben und nicht maßgebend. Die entsprechenden Linien in den Zeichnungen sind auch nur als Anhalt für die Position der Drehachse zu verstehen: Man wird schlankere Rohre oder Stäbe für Achsen und Naben zu wählen haben. Andererseits: bei den Modellen, die sehr weit ausladen, ist es nicht verkehrt, stärkere Bauteile für Achse und Nabe zu wählen. Denn da treten bei starkem Wind doch beträchtliche Kräfte in horizontaler Richtung auf, die zu schwache Bauteile ziemlich rasch verbiegen können.

Zum Schluß dieser Tip: Kunstschlosser und Schmiede freuen sich sicher darauf, wieder einmal einen Wetterhahn anfertigen und montieren zu können. Wer es sich nicht zutraut, alle nötigen Arbeiten selber auszuführen, sollte lieber gleich den Fachmann aufsuchen und sich von ihm den Hahn aufs Dach setzen lassen.

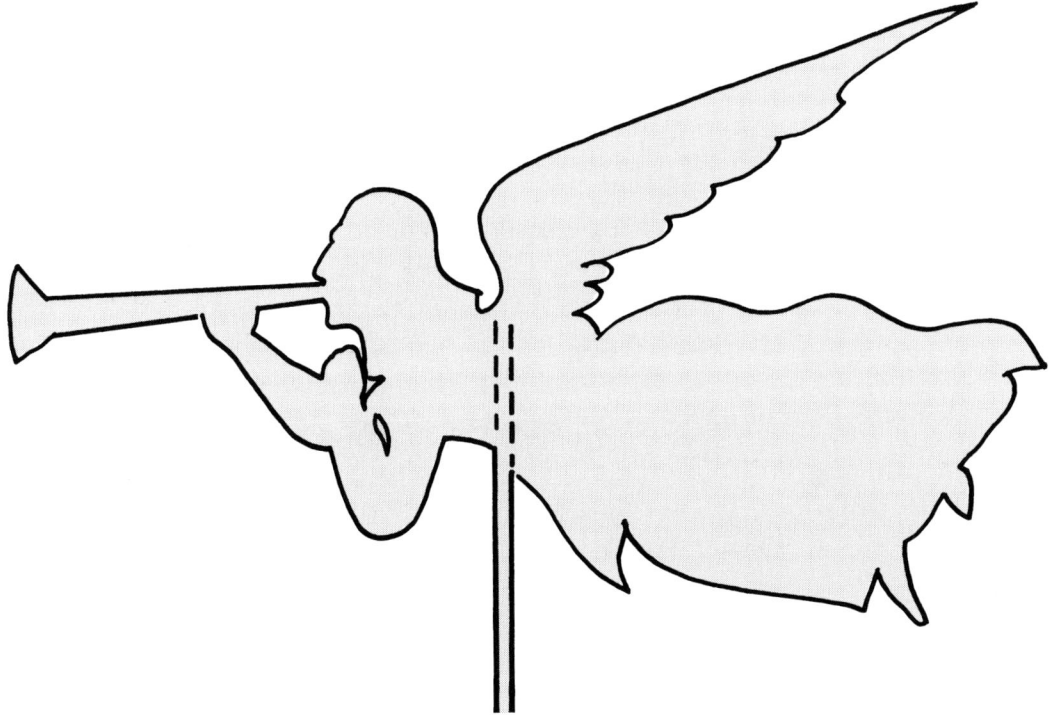

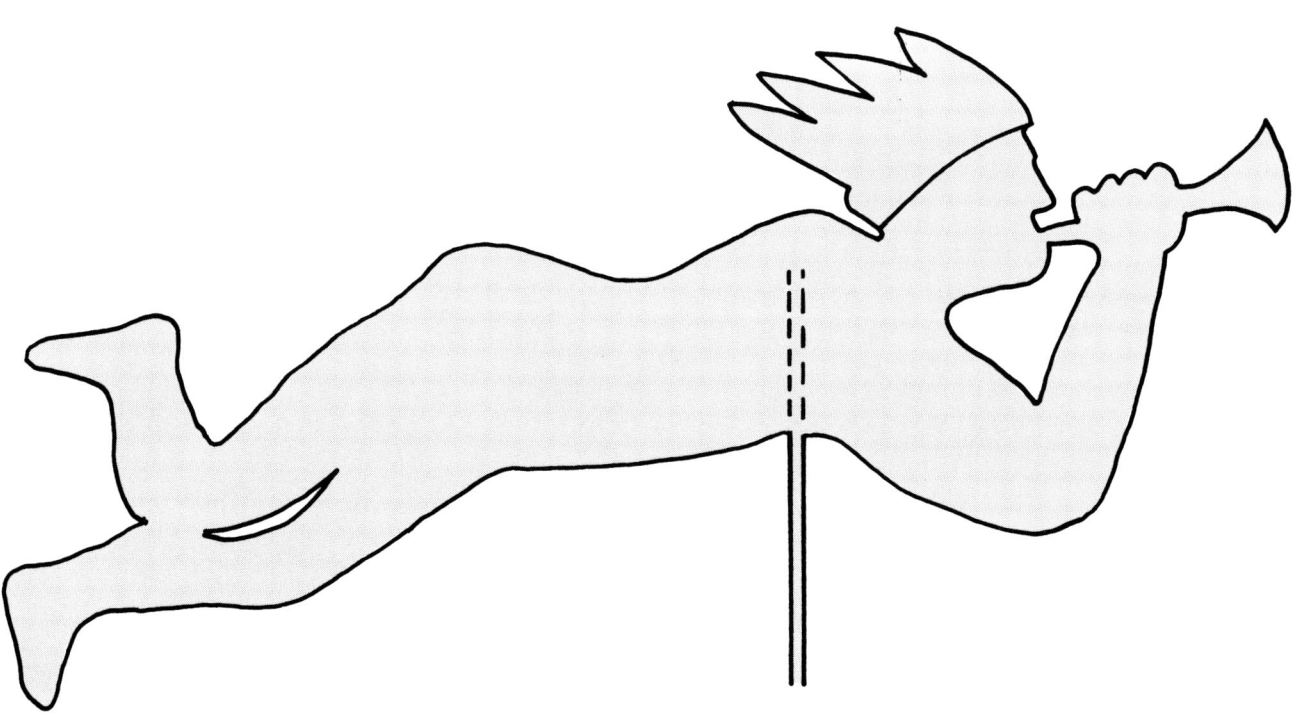

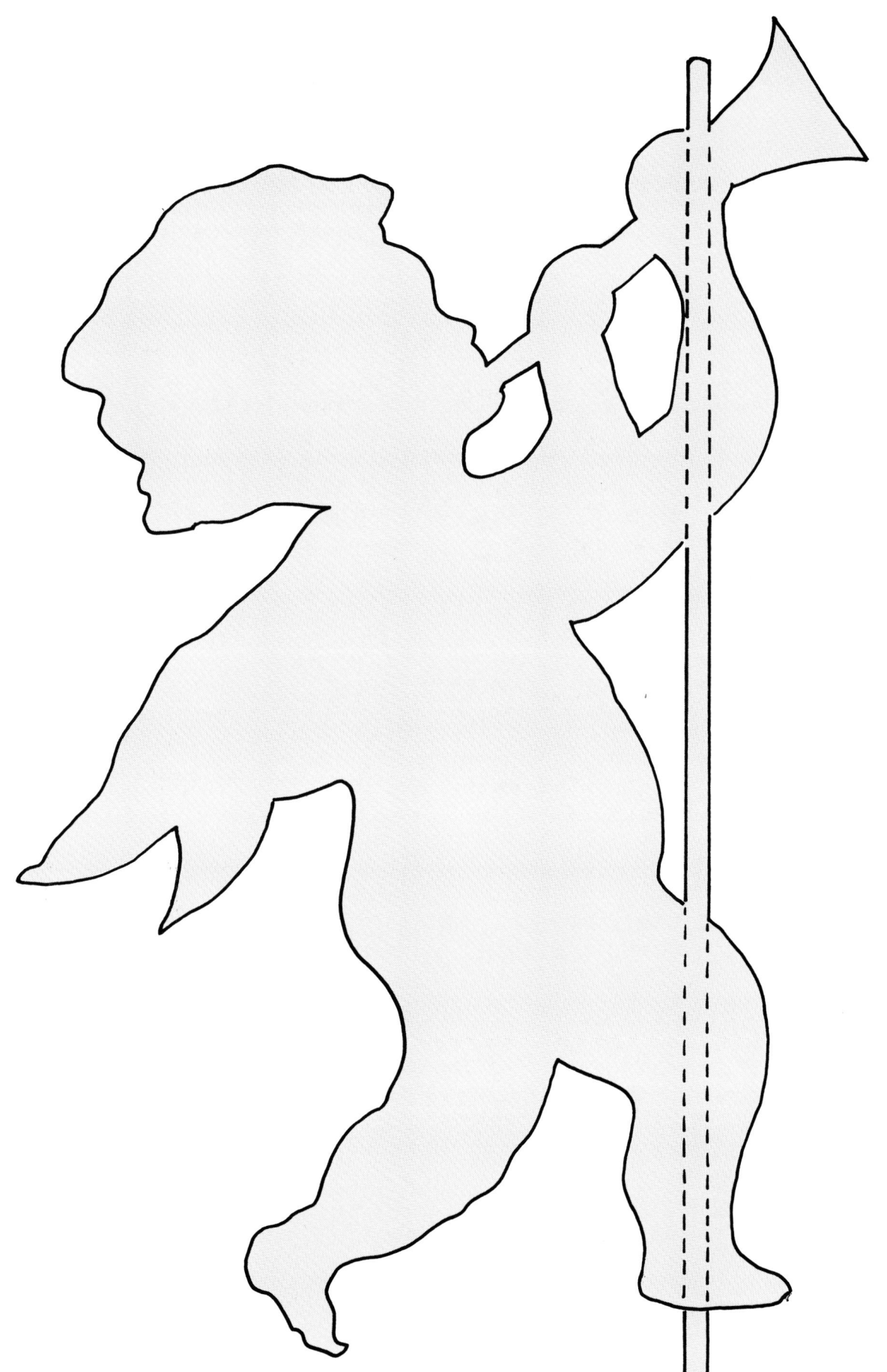

109

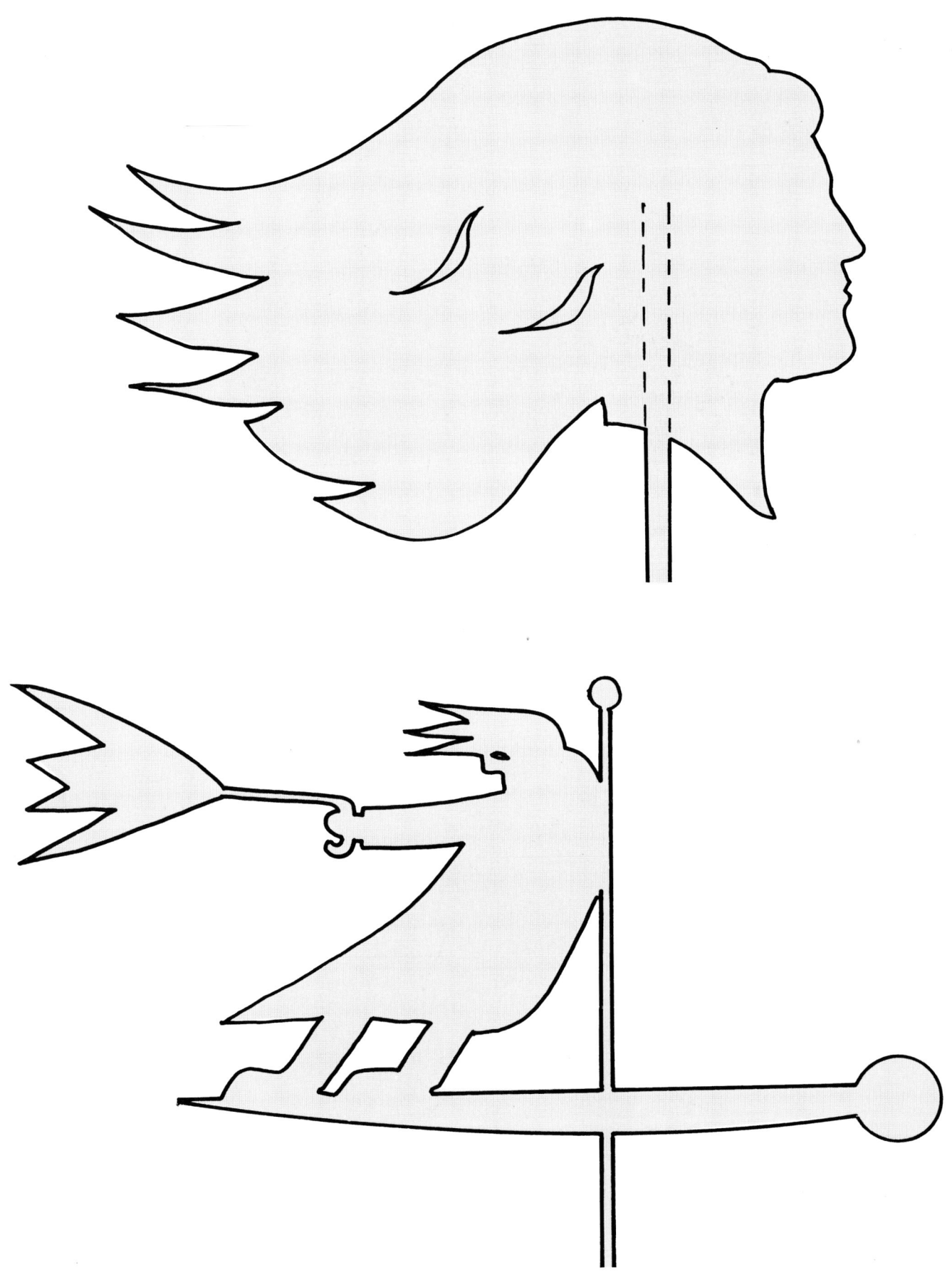

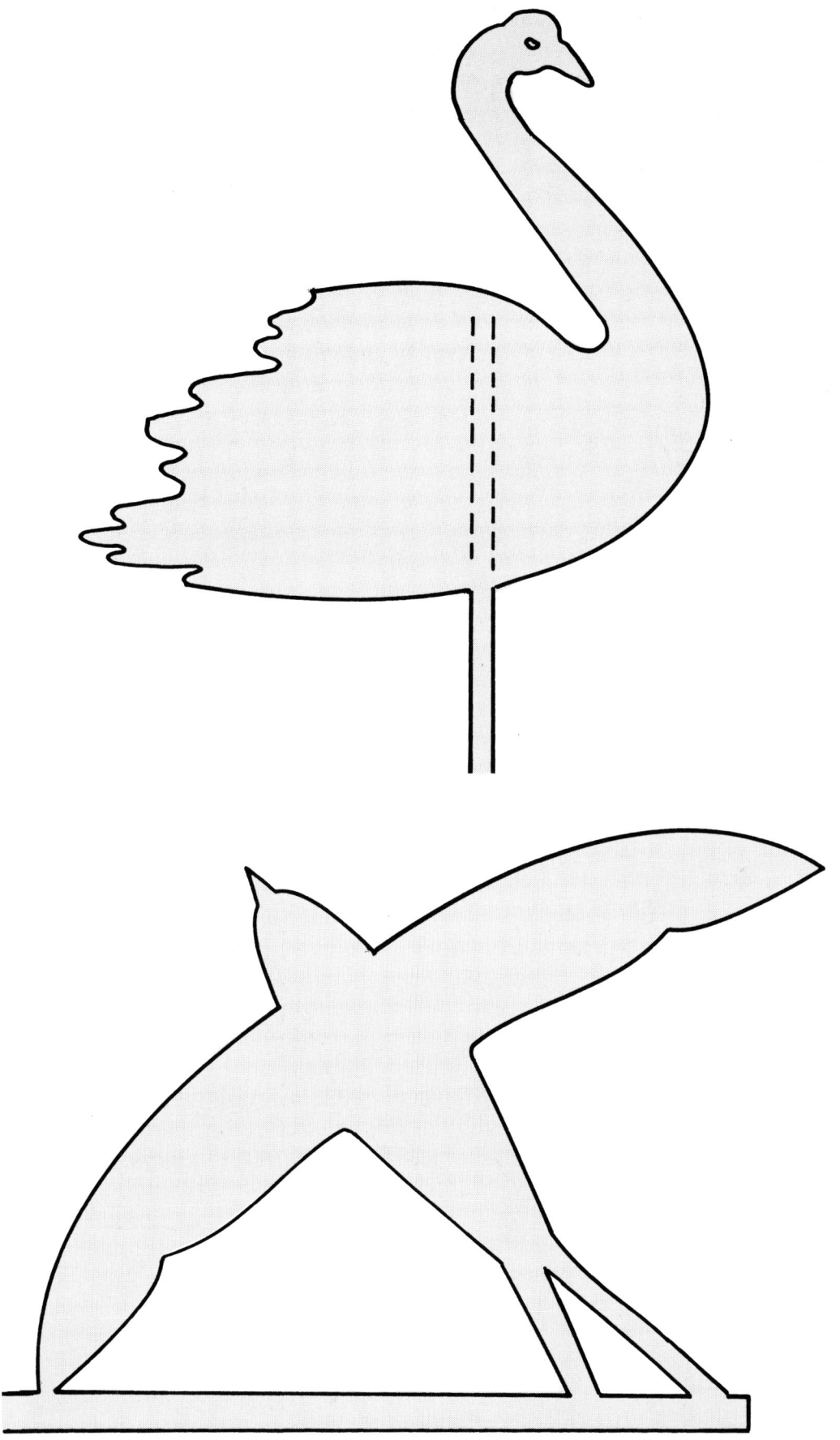

Weitere Bücher von Walter Diem in der Reihe Homo ludens

Drachen mit Geschichte

Historische Modelle zum Selberbauen

Zusammen mit Werner Schmidt
160 Seiten, Festeinband

Die Autoren präsentieren Oldtimer aus der Hoch-Zeit des Drachenbaus, aus einer Ära, als sich noch Flugpioniere und Meteorologen notwendigerweise der Drachen bedienten. Dreizehn Drachen der vergangenen hundert Jahre werden mit ihrer Entstehungsgeschichte und ihrem Verwendungszweck sowie mit exakten Bauanleitungen, Zeichnungen, Materiallisten und Fotos vorgestellt. Die wichtigen, bisher verstaubten und nicht zu rekonstruierenden Klassiker des Drachenbaus sind hier, für jedermann nachbaubar, versammelt.

Hüte aus Papier

135 Seiten, Festeinband

Man trägt wieder Hut: Spitzenhäubchen oder Kapotthut, Hasenmütze oder Südwester. Sechzig Hüte, Helme, Kappen und Kronen aus Papier präsentieren sich zum Selbermachen. Wie man aus einem Bogen Zeitungspapier den »Urhelm« faltet, ist den meisten von den eigenen, ersten Werkversuchen her noch in guter Erinnerung; damit aber auch die ausgefalleneren Modelle gelingen, wird jedes mit einem Foto vorgestellt und seine Entstehung Schritt für Schritt in Zeichnungen erläutert.

Flugobjekte zum Selberbauen

132 Seiten, Festeinband

Allerlei luftige Hobbys präsentieren sich hier, mit Flugobjekten für windige und windstille Tage, für buchstäblich erhebende Beschäftigung draußen auf weiter Flur oder auch drinnen im engen Wohnzimmer. Der Leser soll hier ein Spiel- und Spaßbuch in die Hand bekommen, das ihm vielleicht erste Bekanntschaft mit diesem oder jenem Flugobjekt verschafft und ihn neugierig macht auf andere Modelle, auf raffinierte Konstruktionen, auf weitere Möglichkeiten, ein Stück Papier oder Holz zum Fliegen zu bringen.

Papier & Karton

Färben, Falten, Formen,
Scherenschneiden und Buchbinden
270 Seiten, Leinen

Papier und Pappe haben es in sich, wenn man sich einmal eingehender mit diesen Materialien beschäftigt. Lernt man erst einmal ihre Eigenarten kennen, wie sie dieses Buch vermitteln will, so ersteht vor den Augen und unter den Händen des bemühten Bastlers eine ganze Formwelt aus Papier – vom Marmorpapier über Leporellos, Fotoalben, Tischleuchten, Bleistiftschalen, Dosen und Masken bis hin zu Schachspiel und Schachfiguren aus Zeitungspapier.

HEINRICH HUGENDUBEL VERLAG